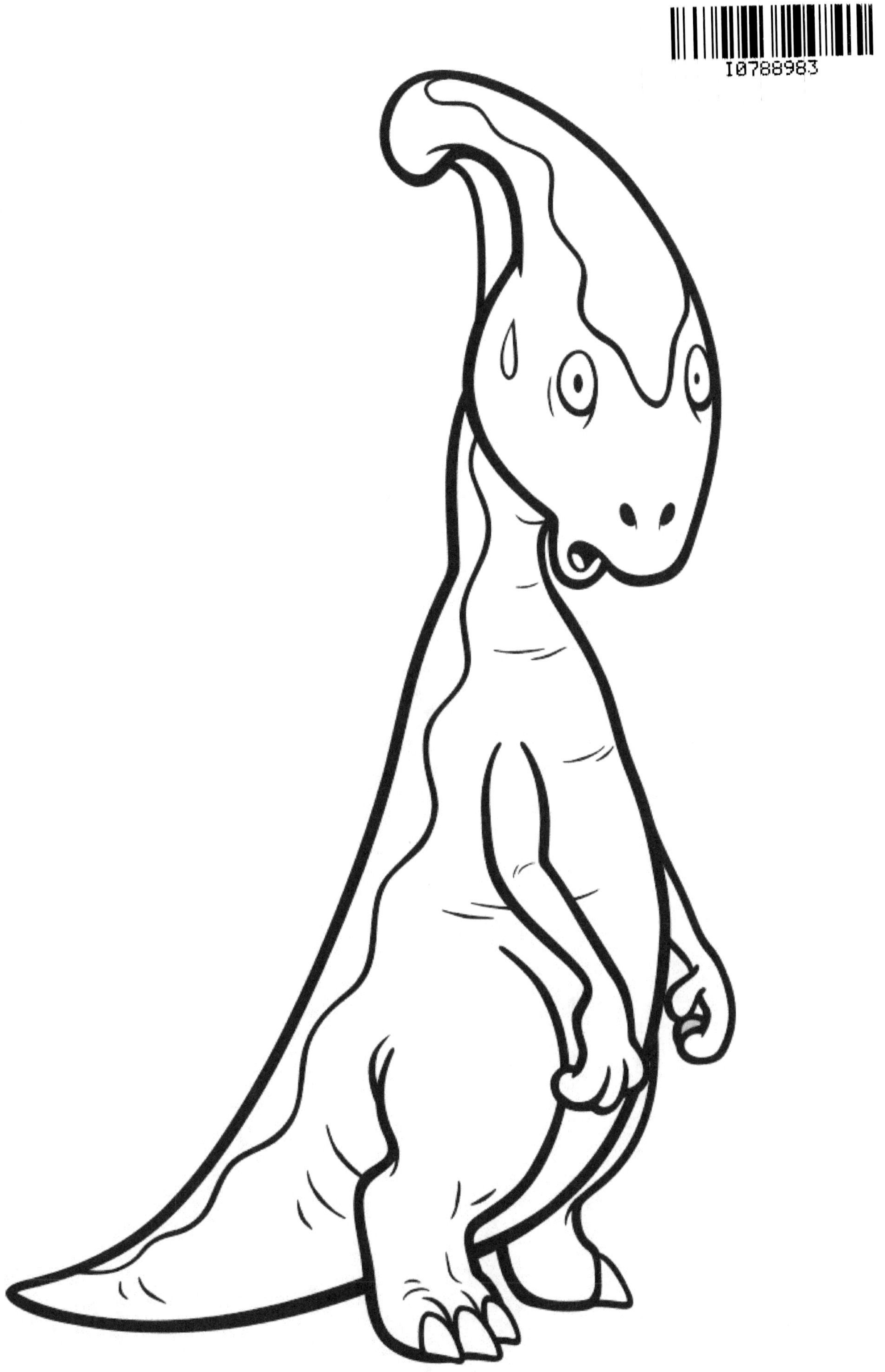
I0788983

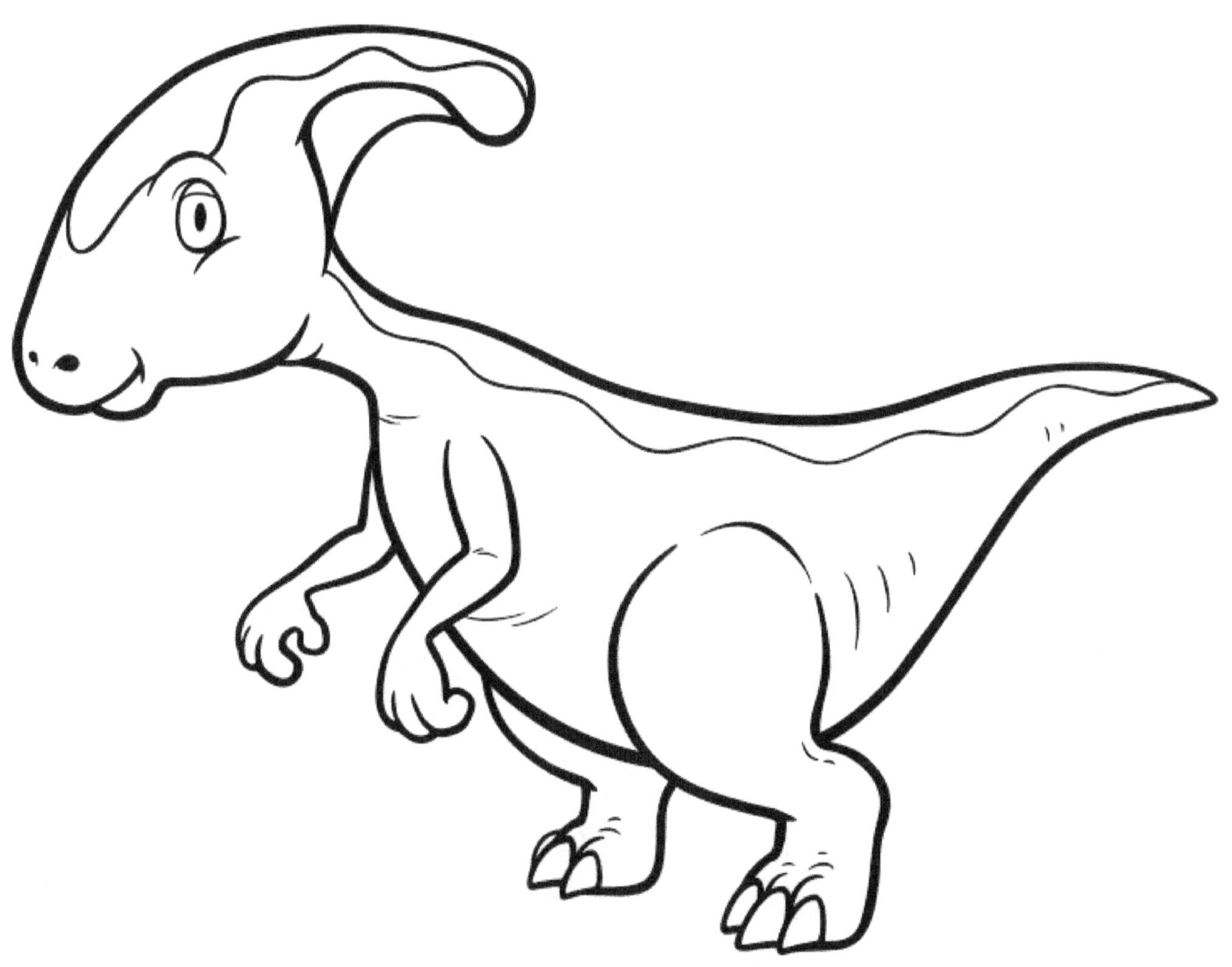

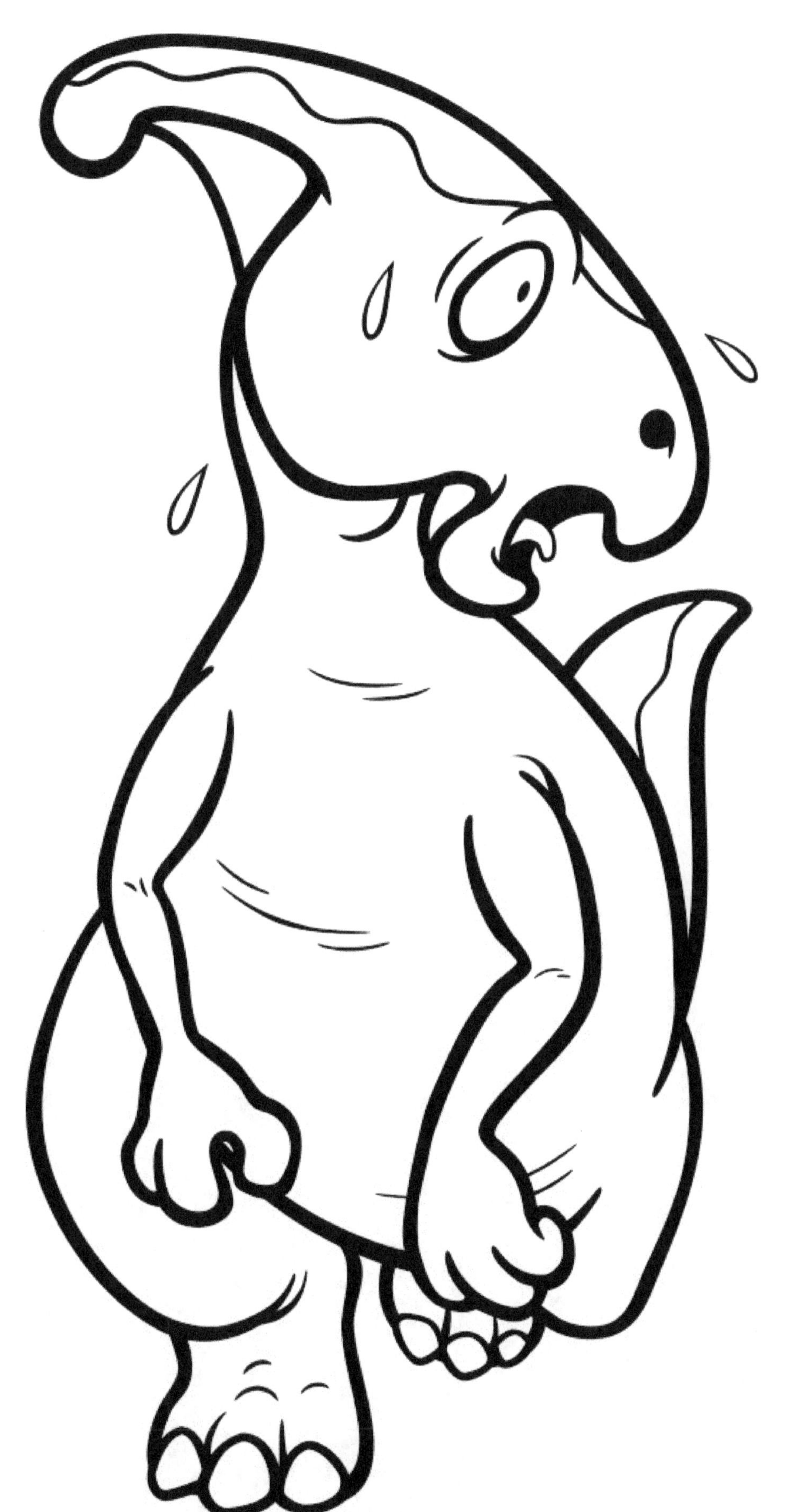

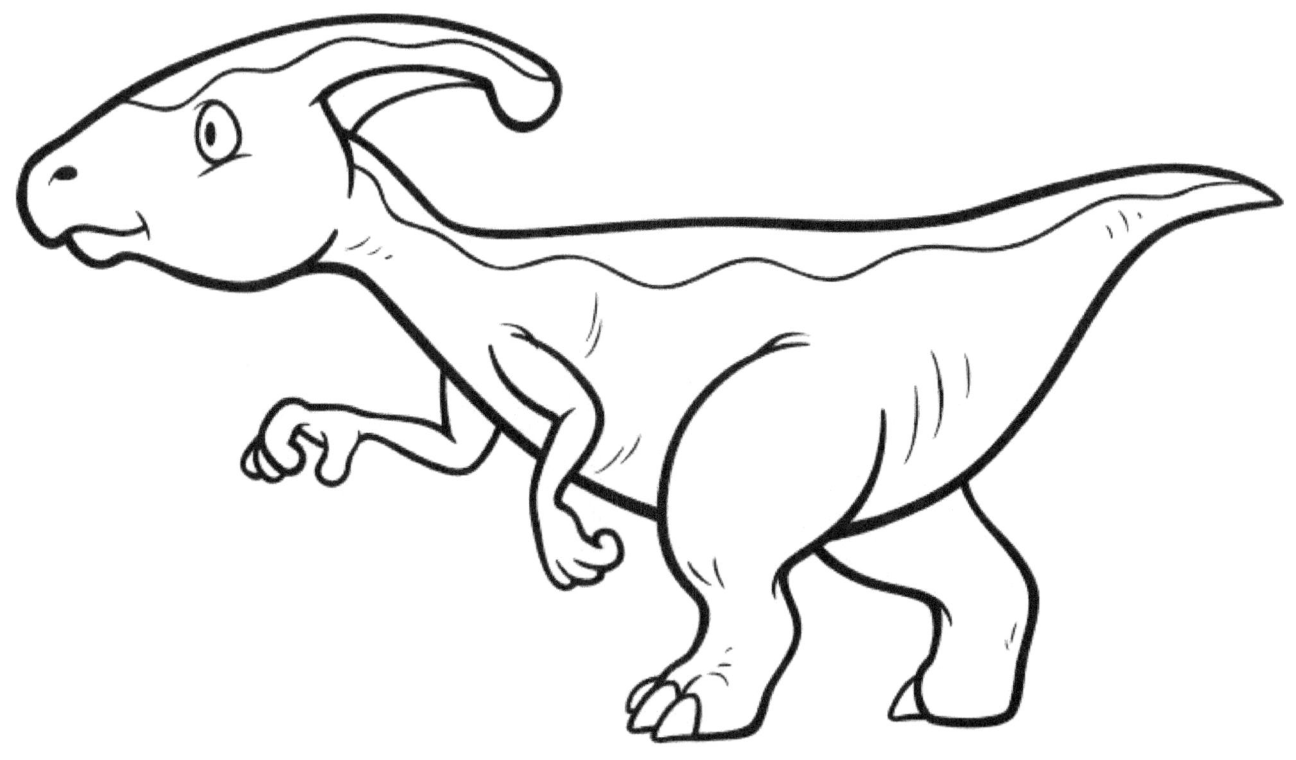

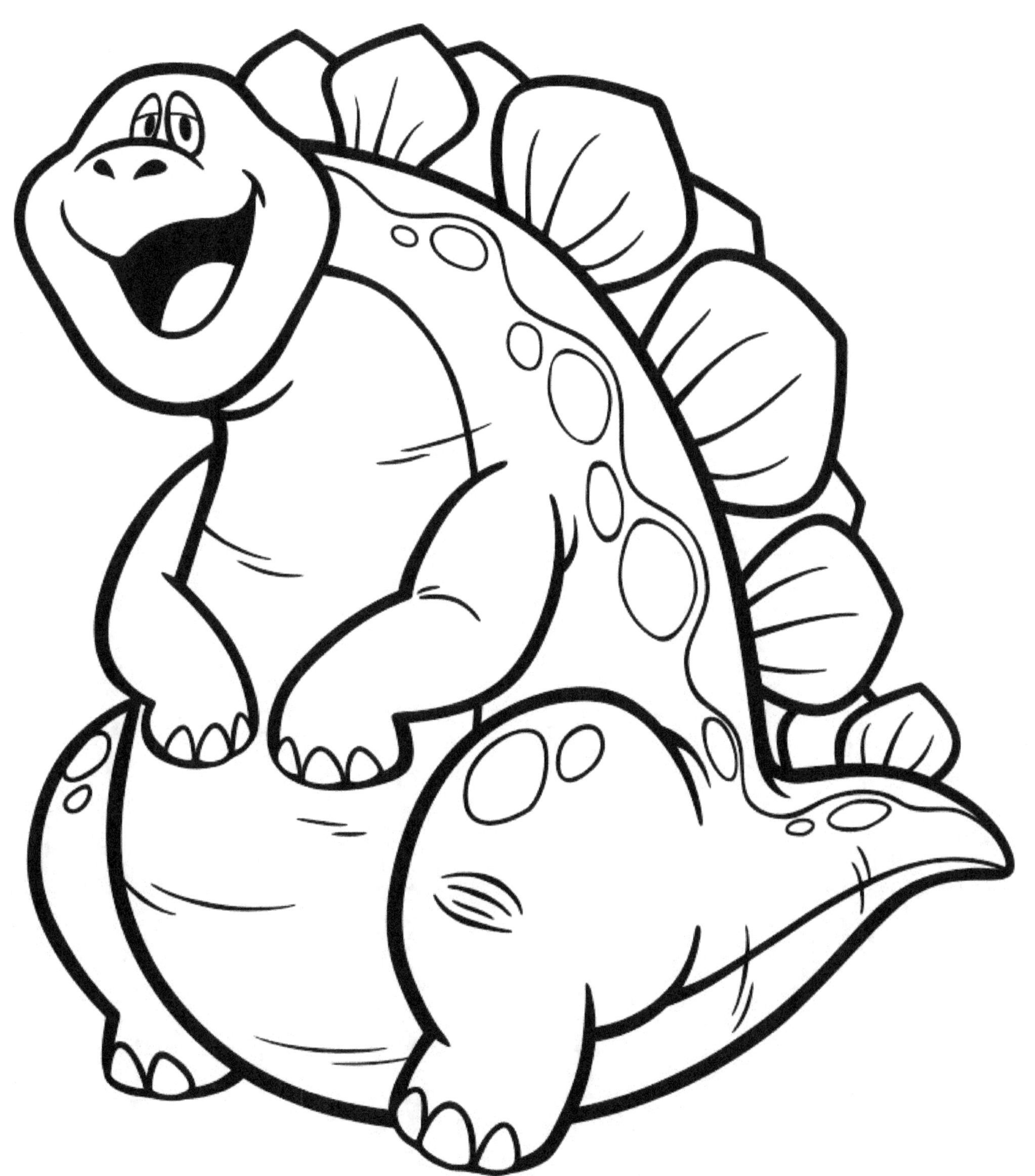

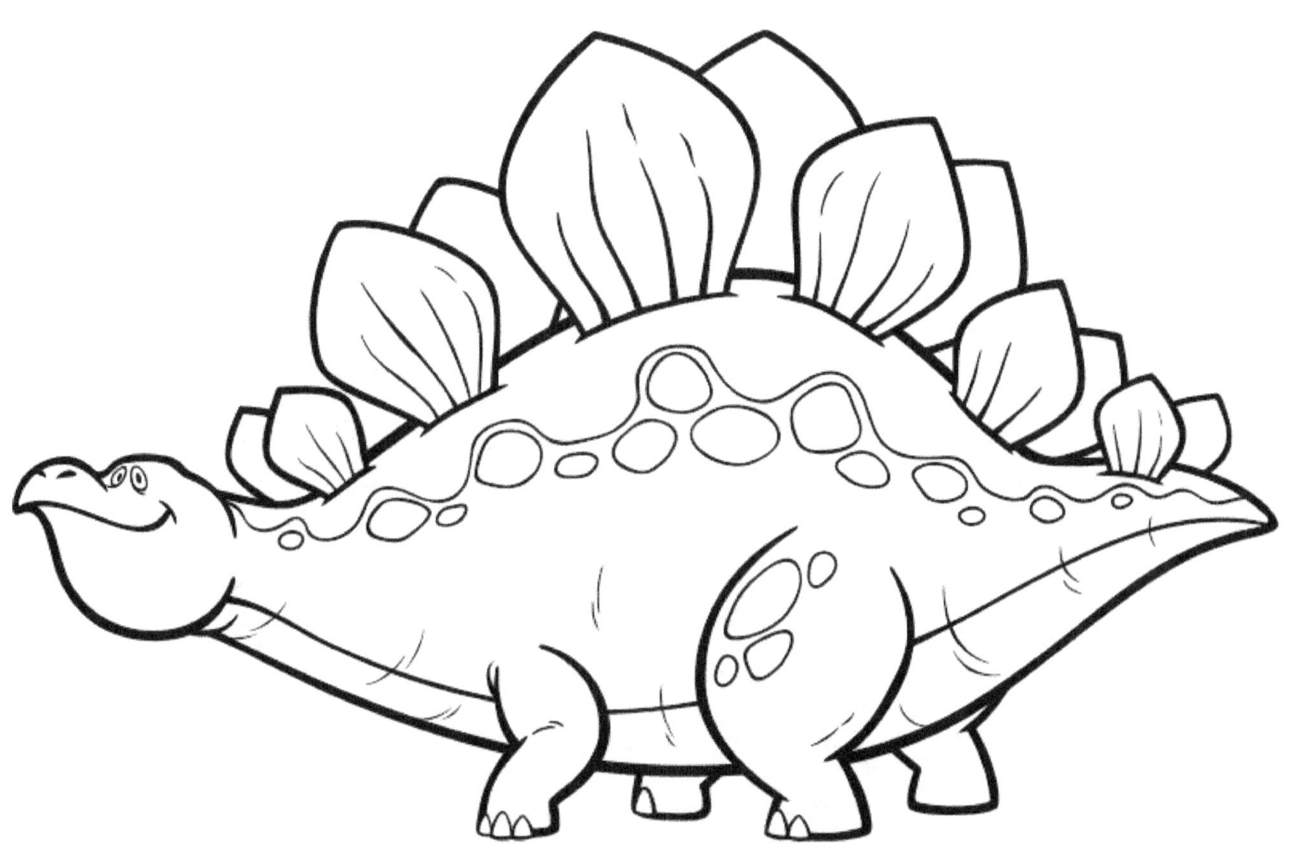

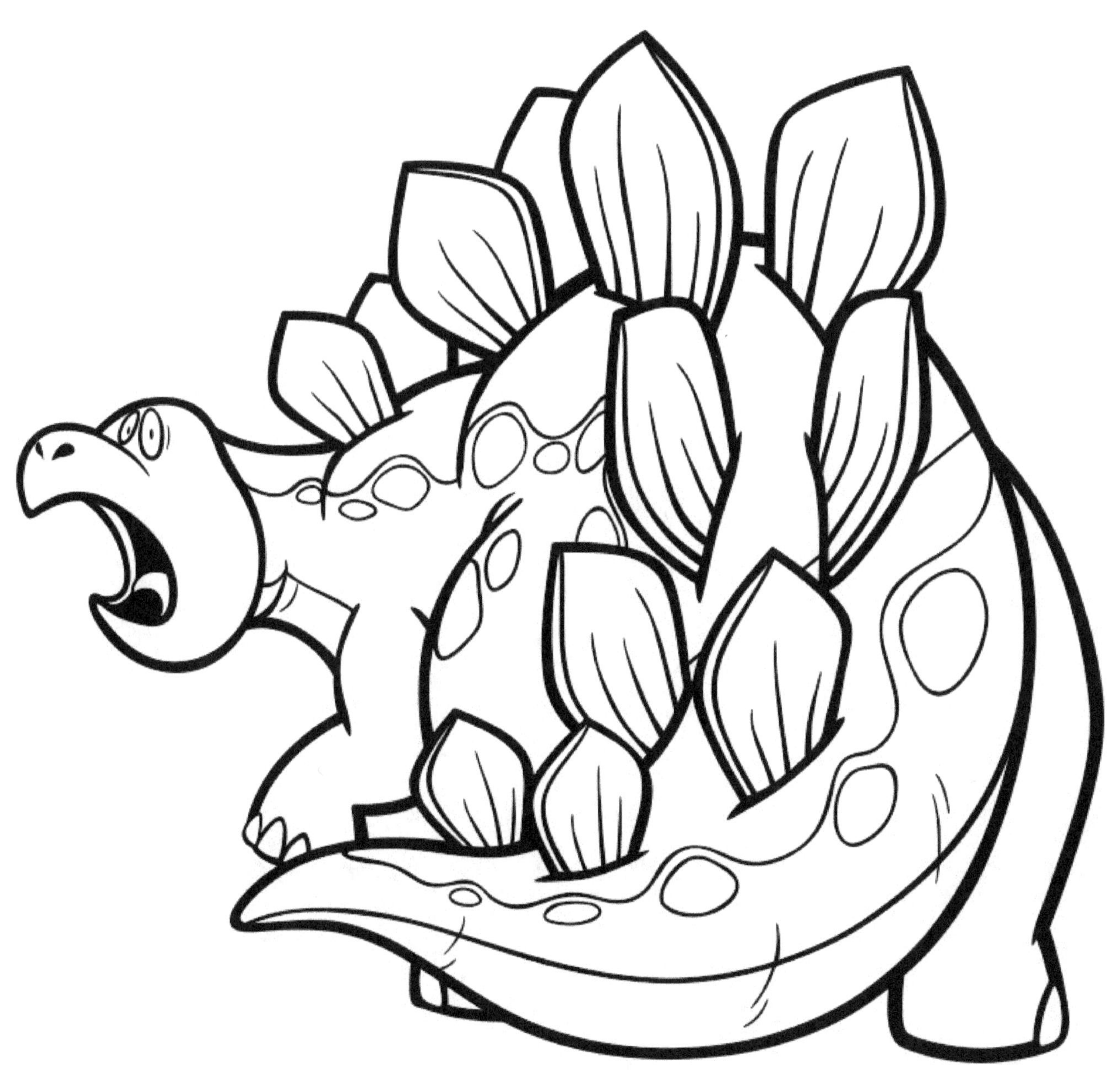

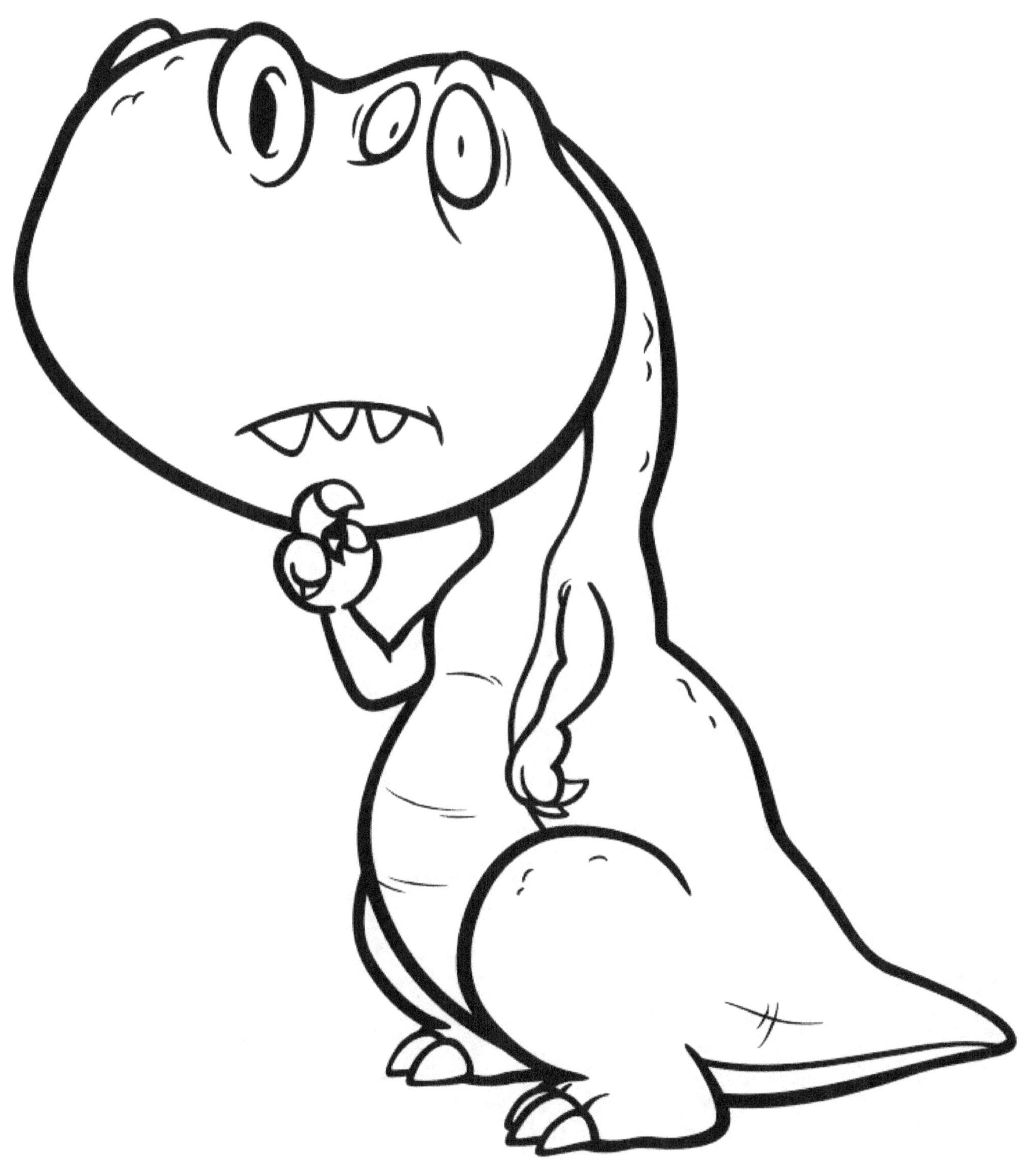

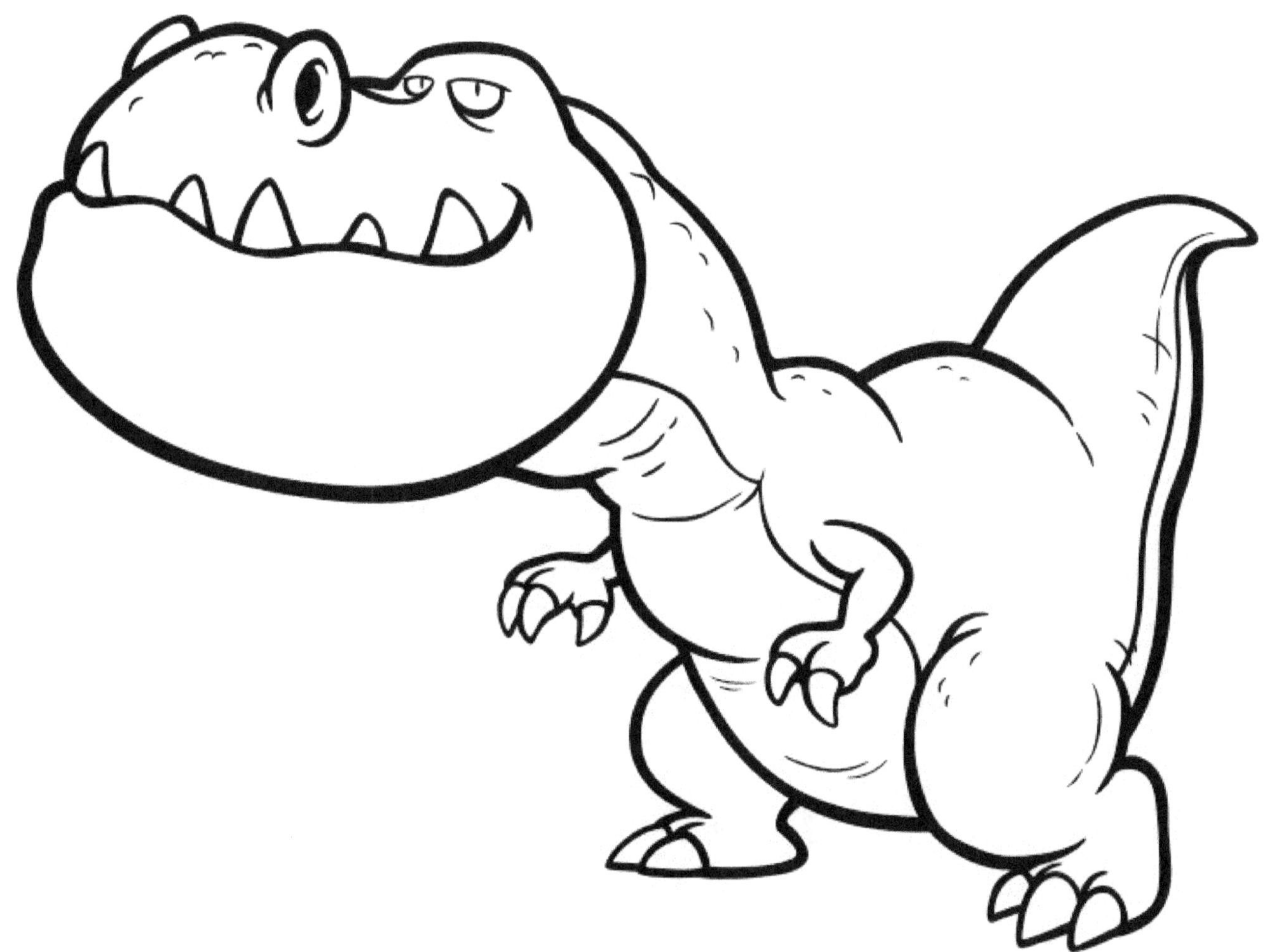

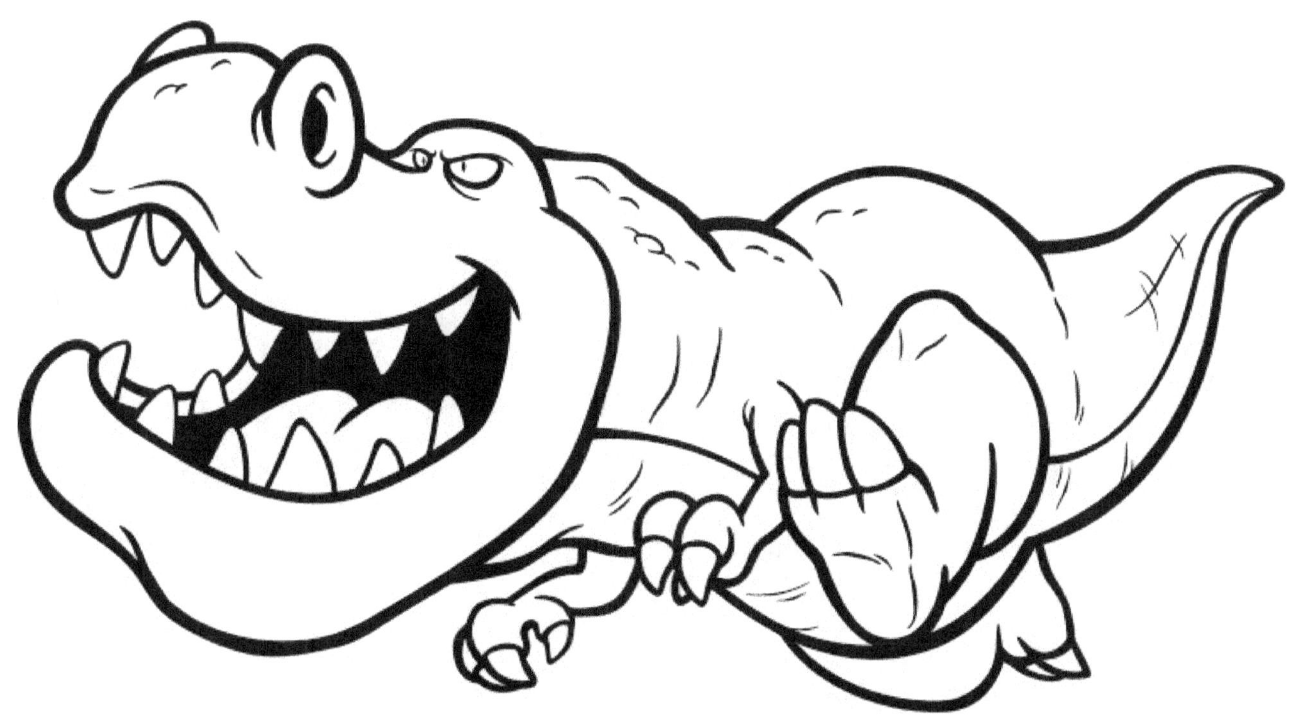

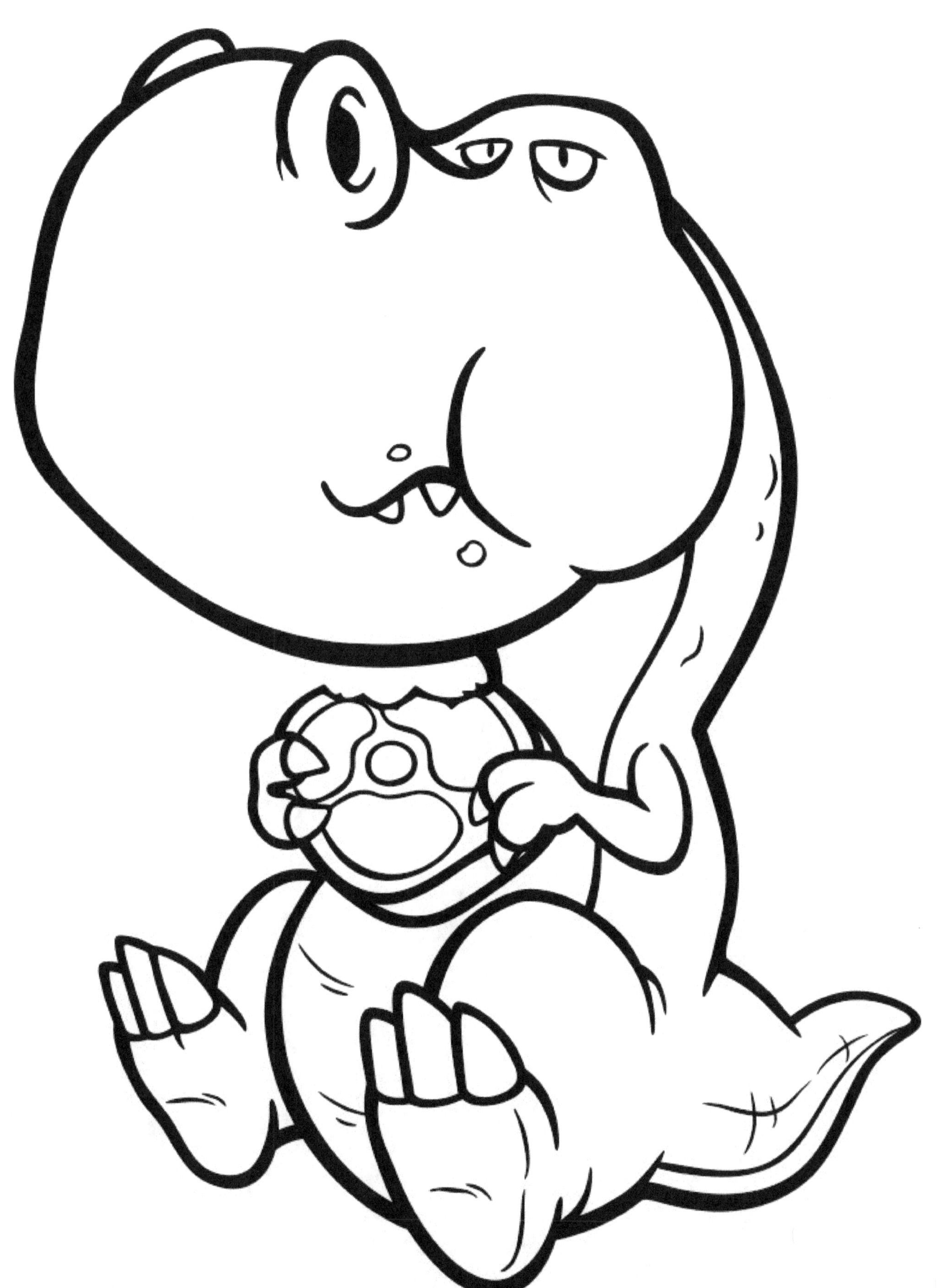

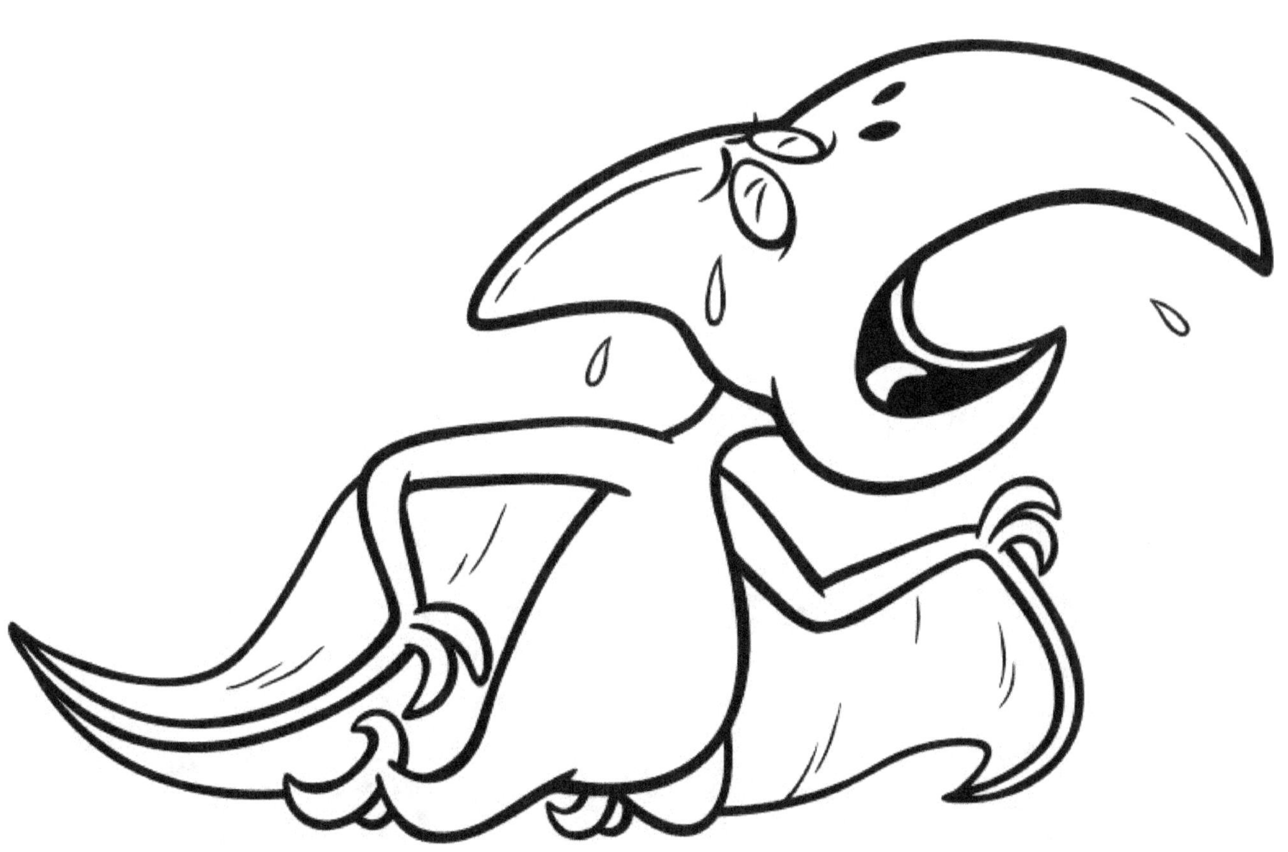

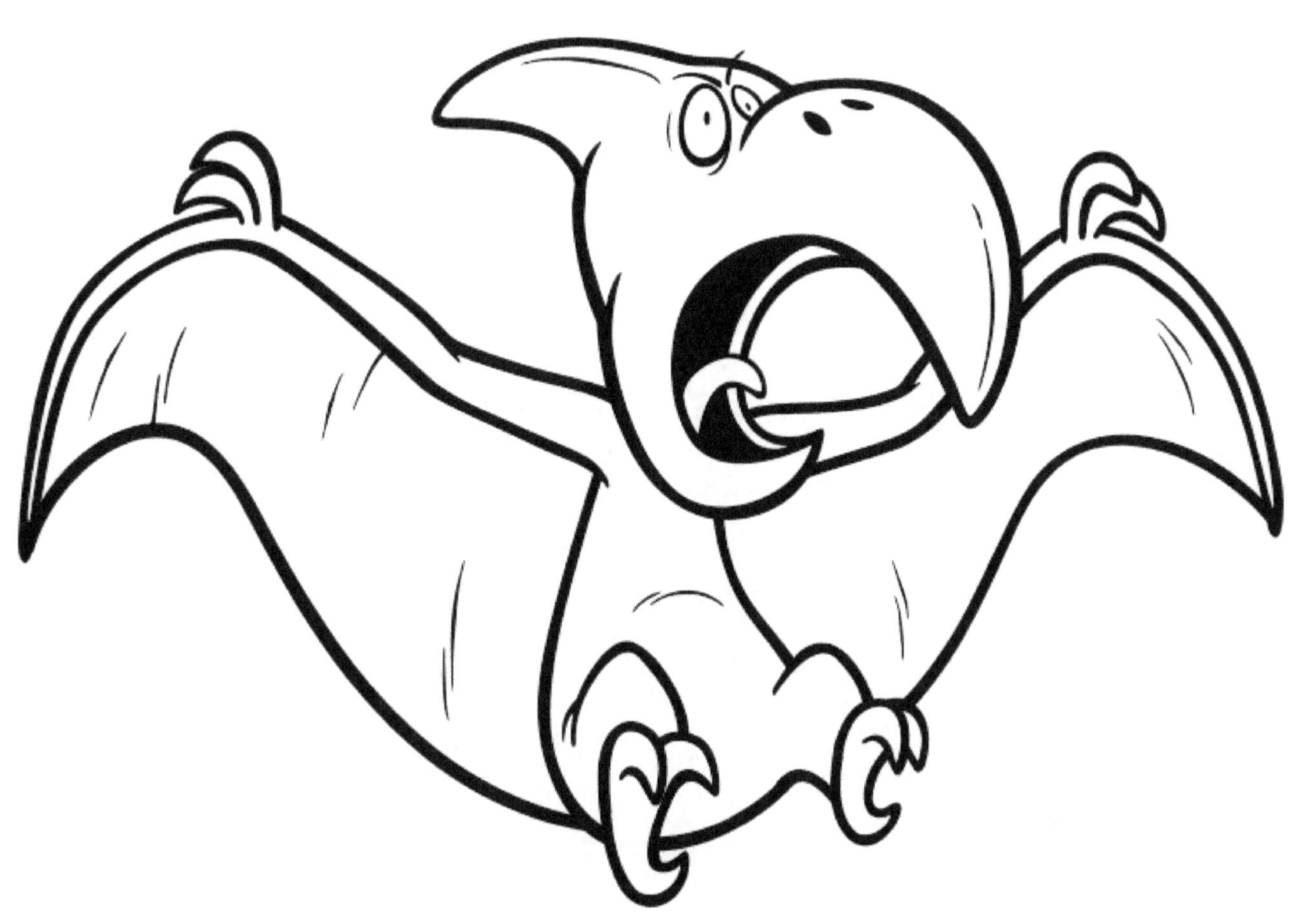

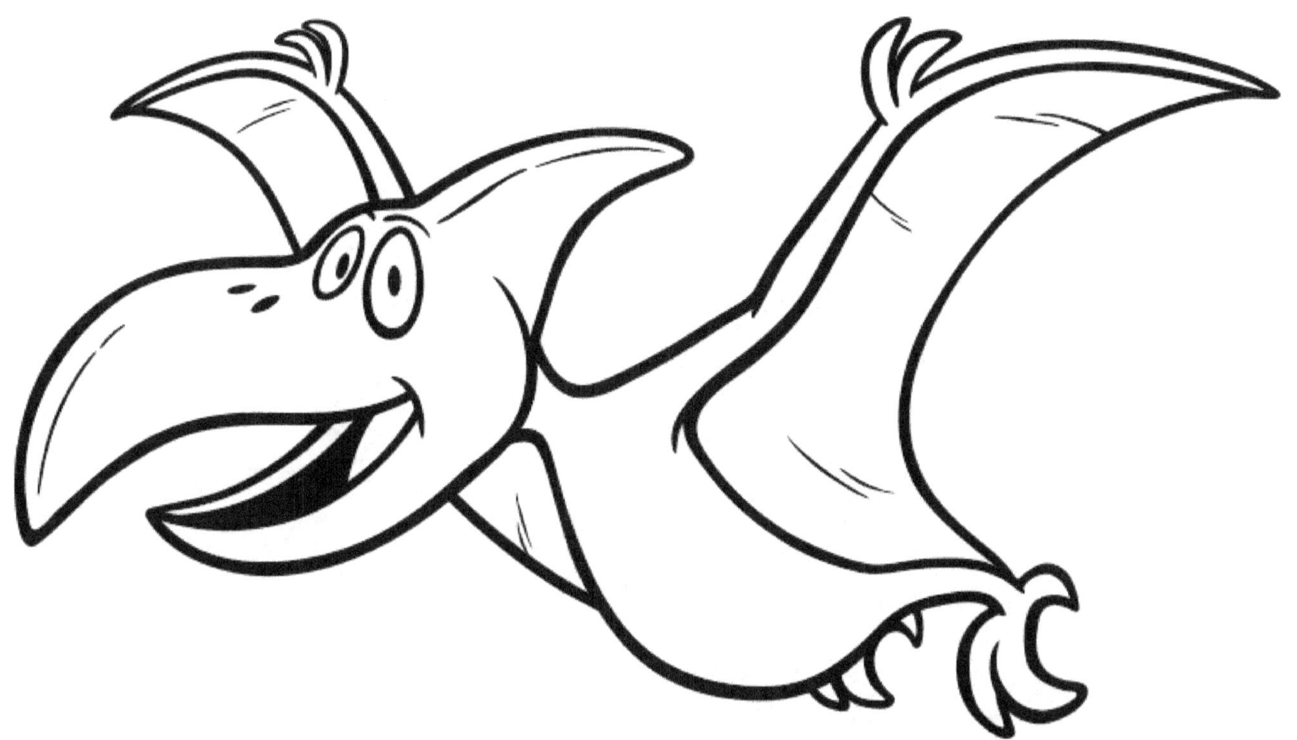

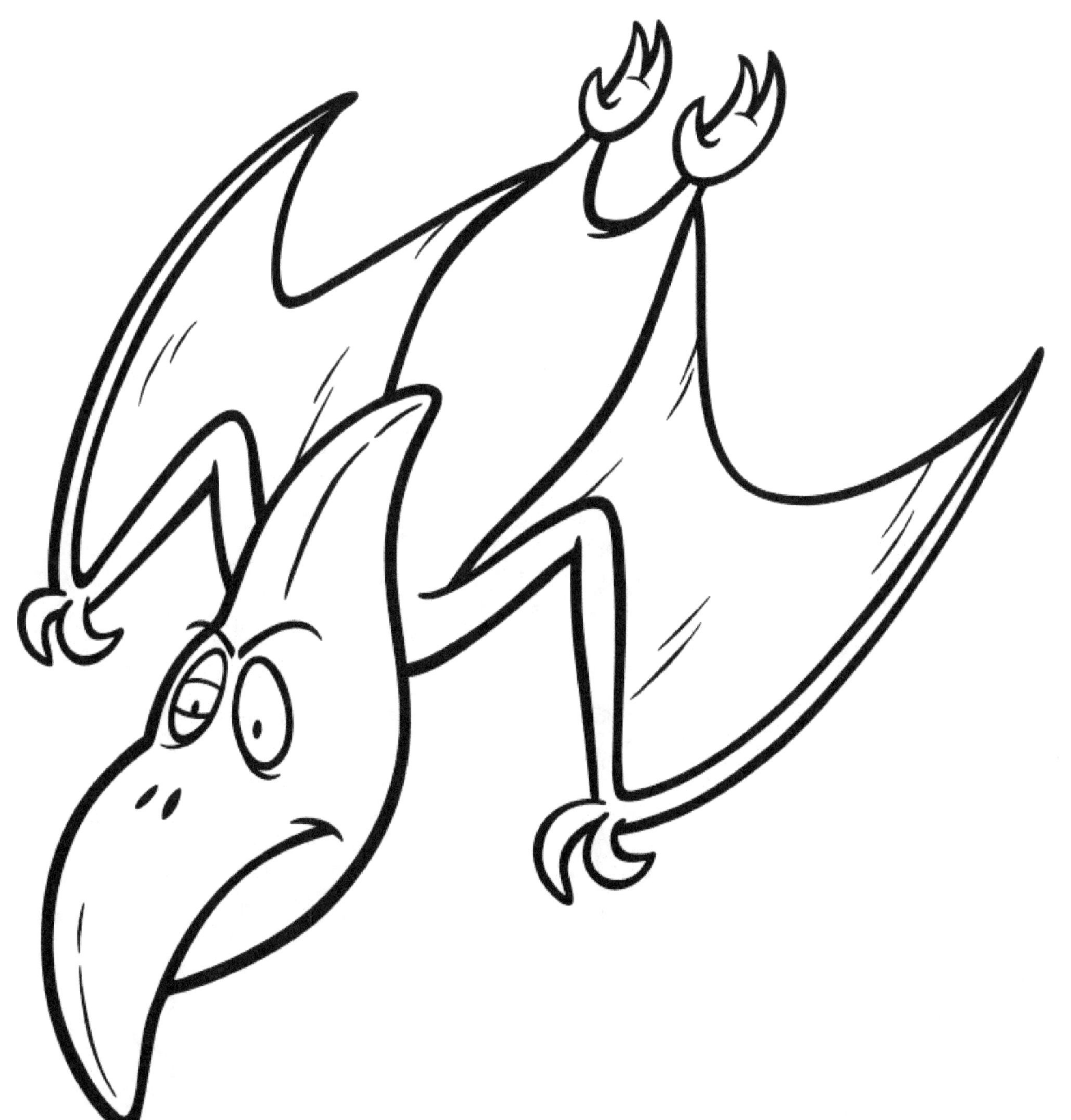

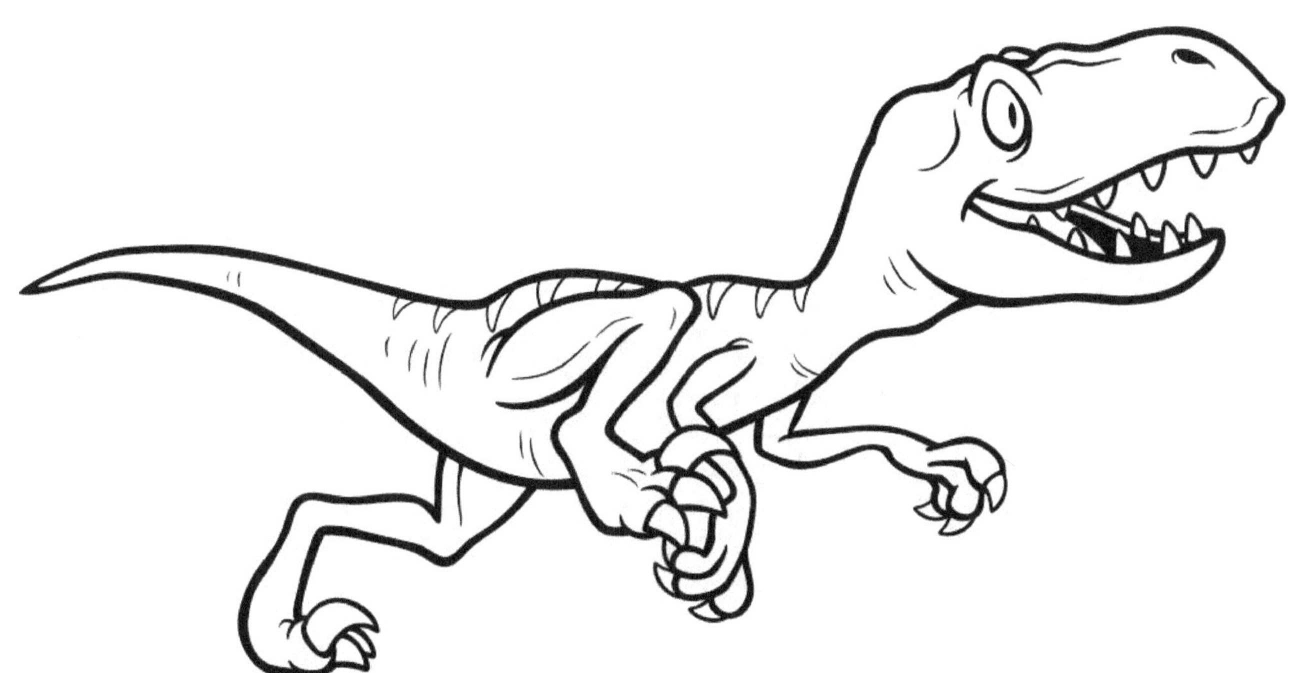

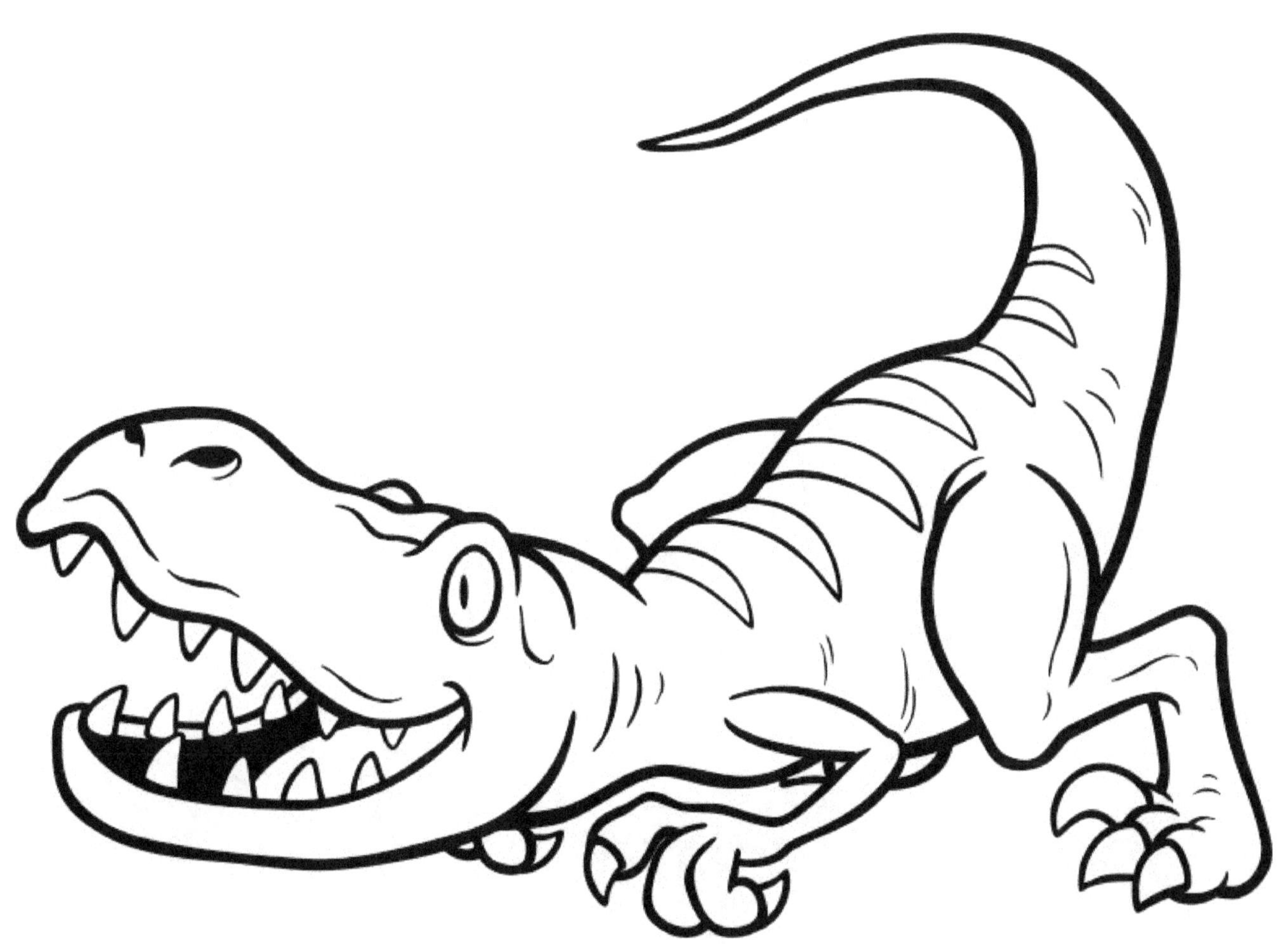

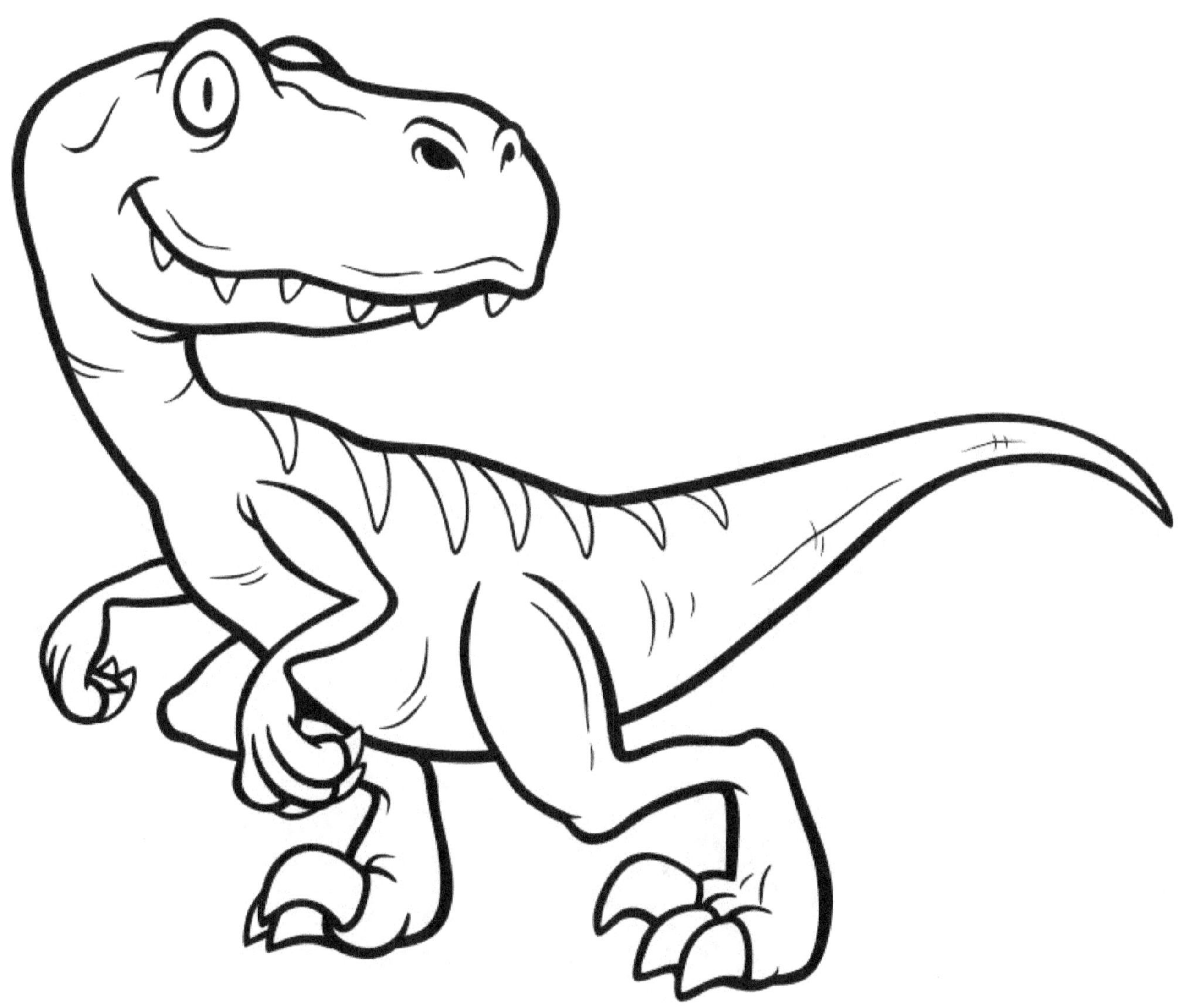

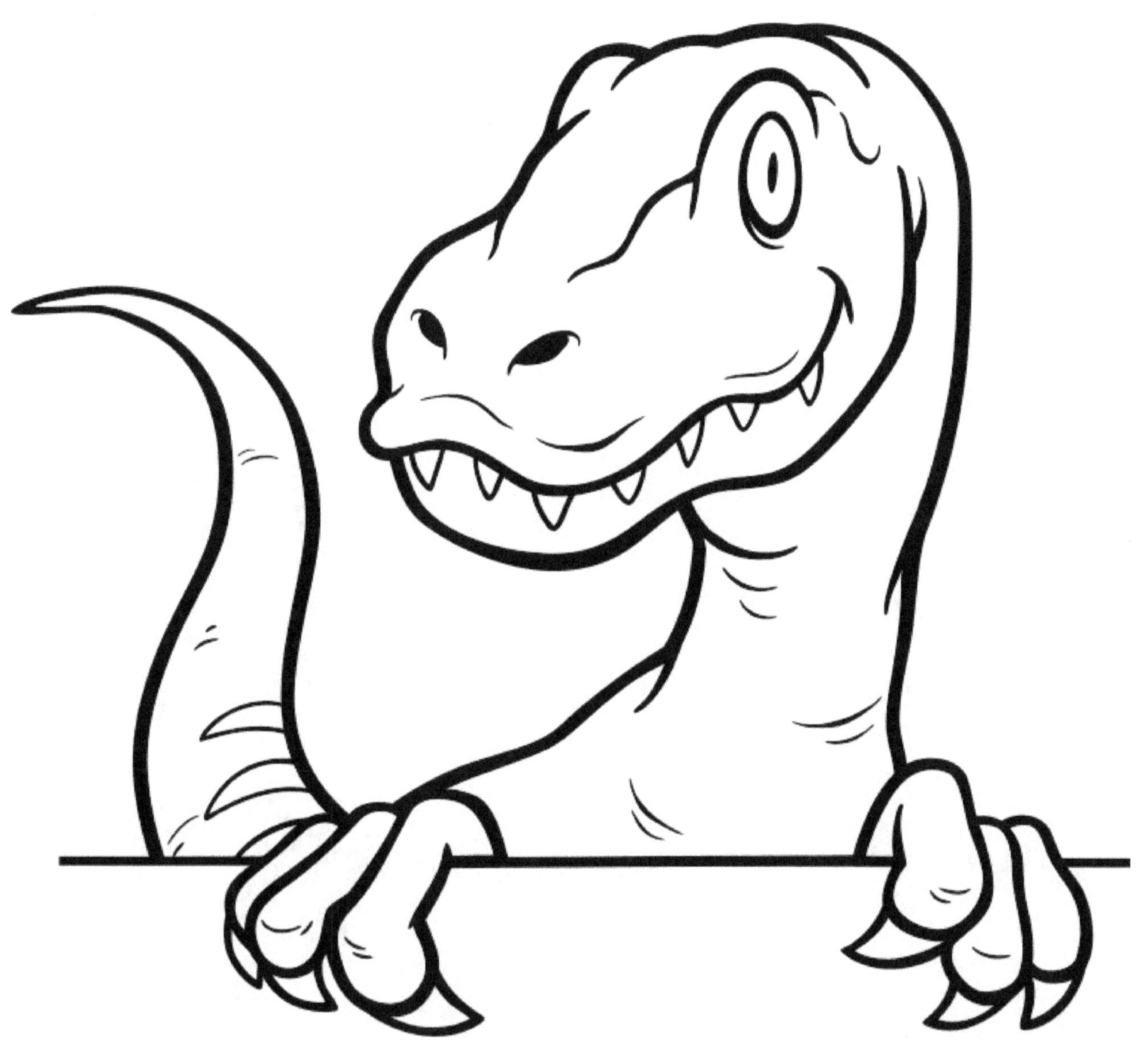

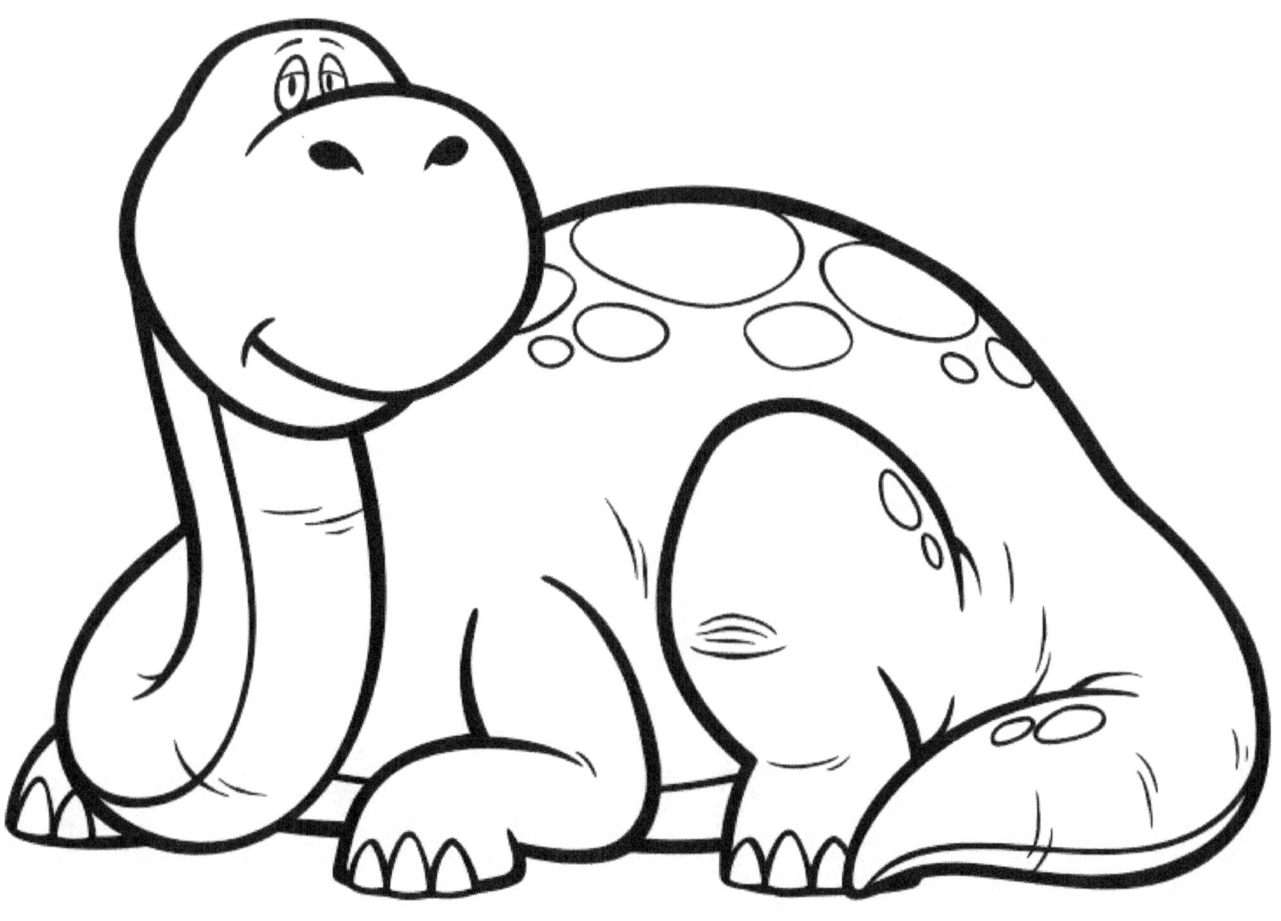

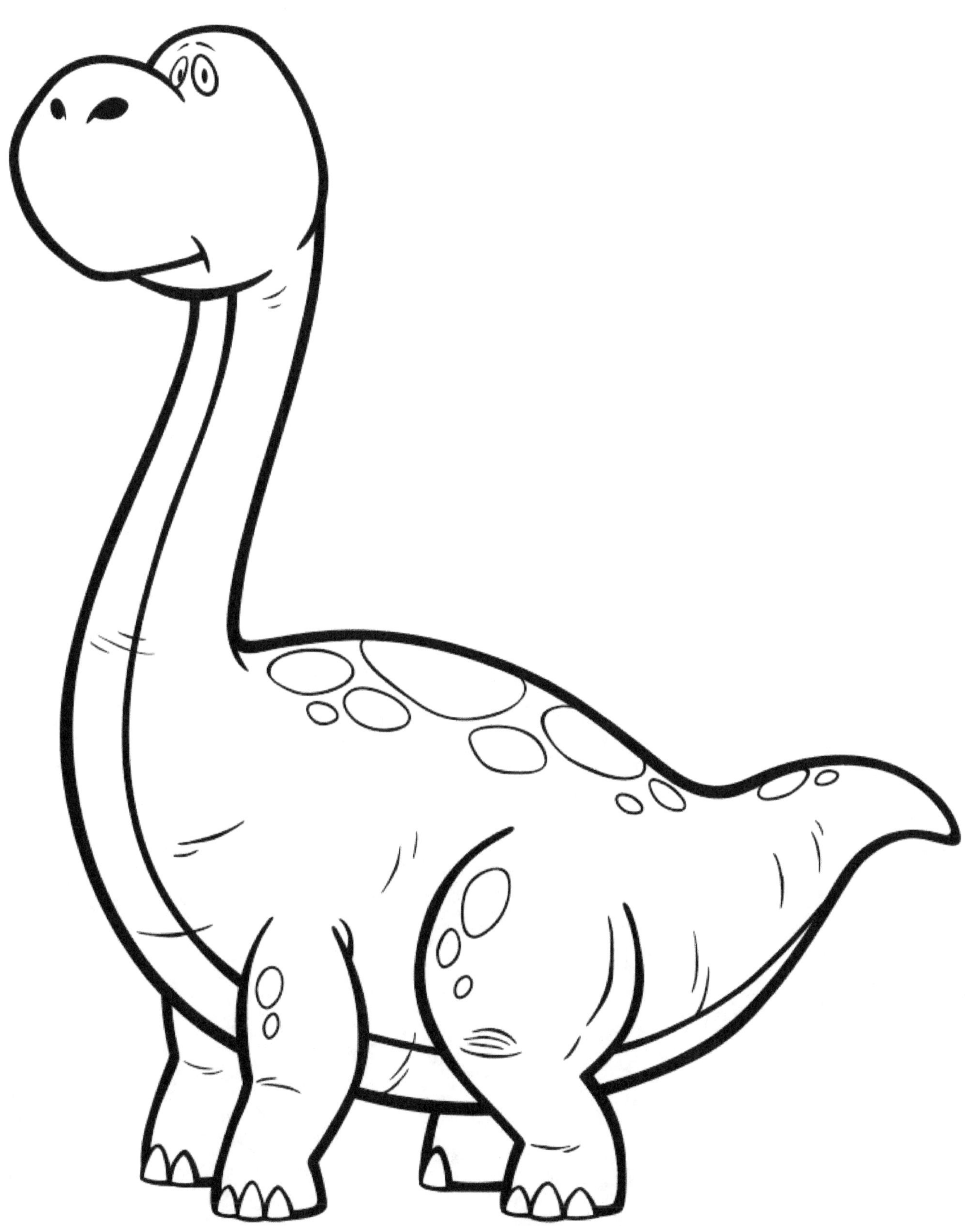

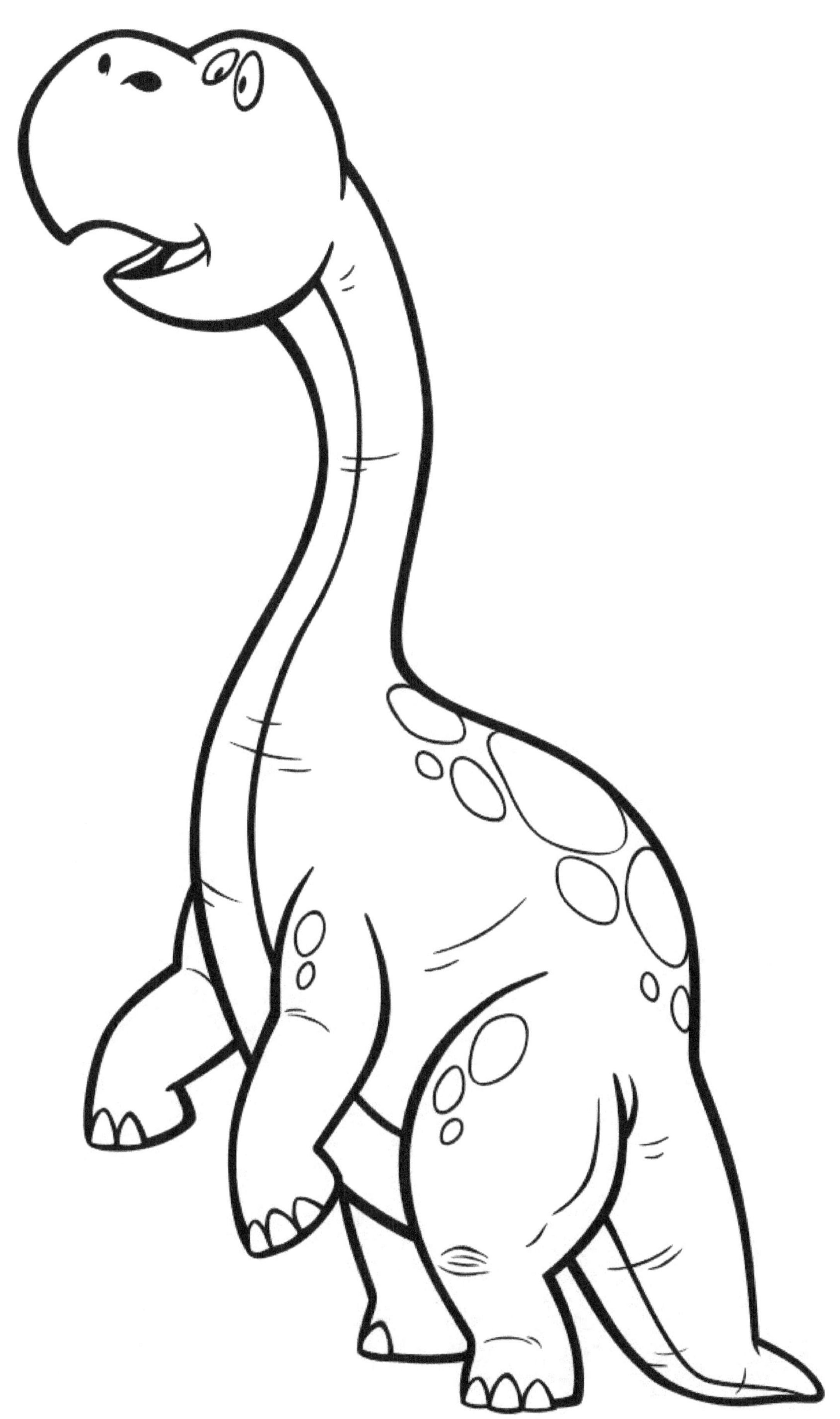

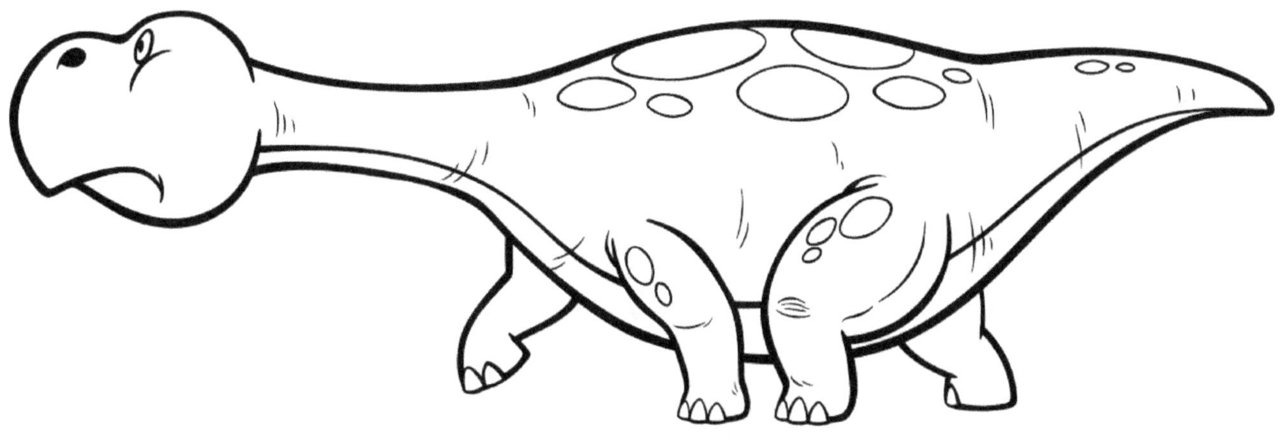

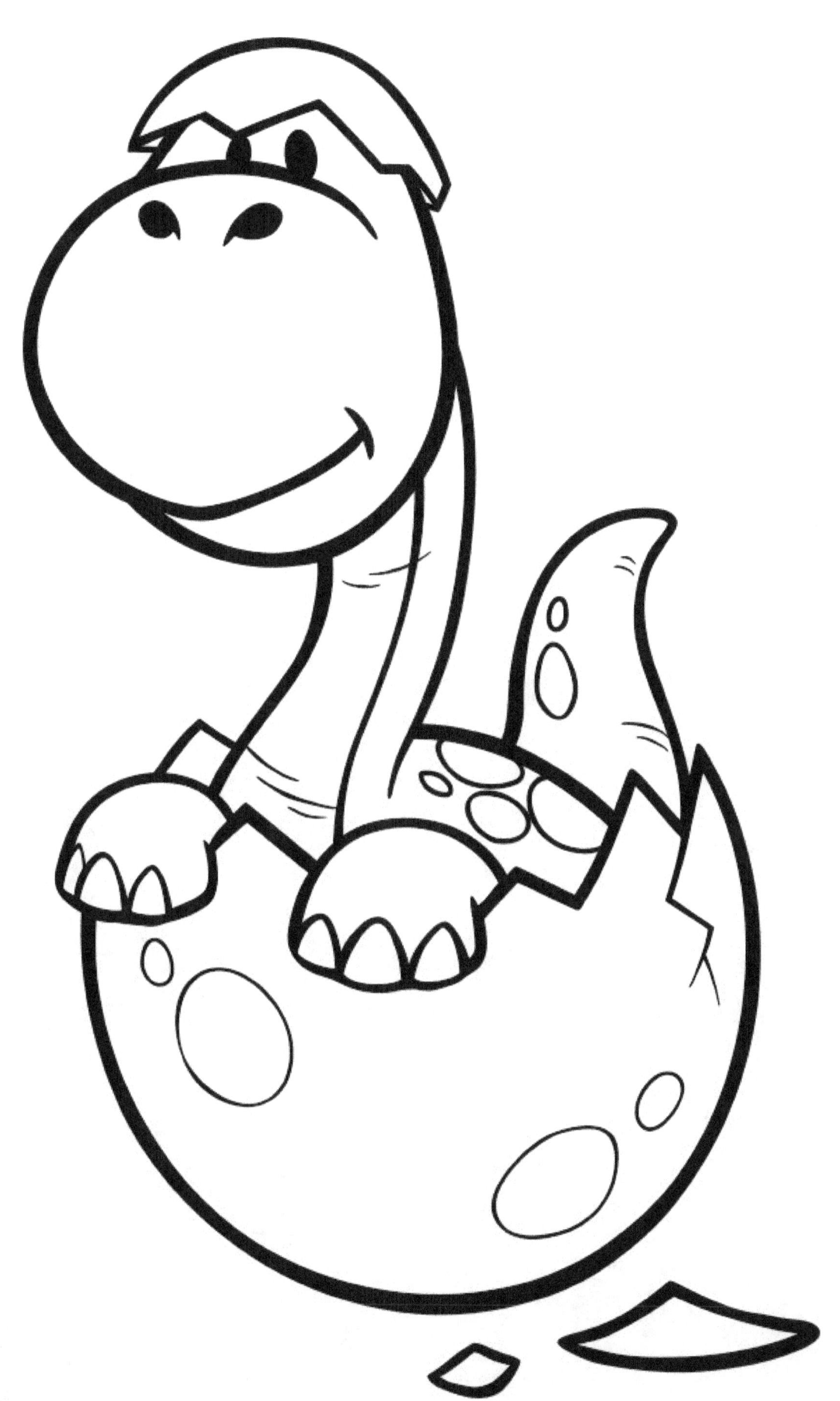

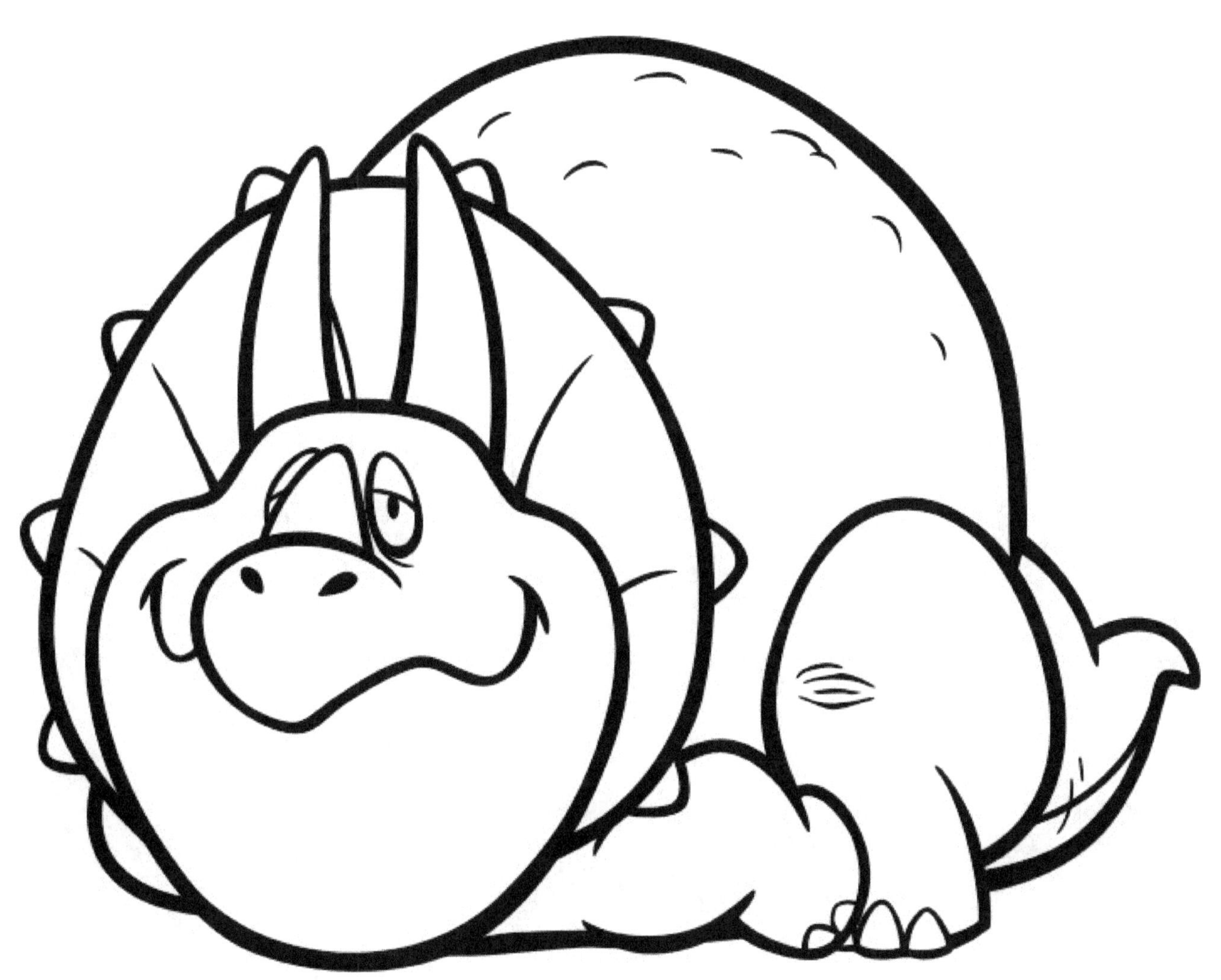

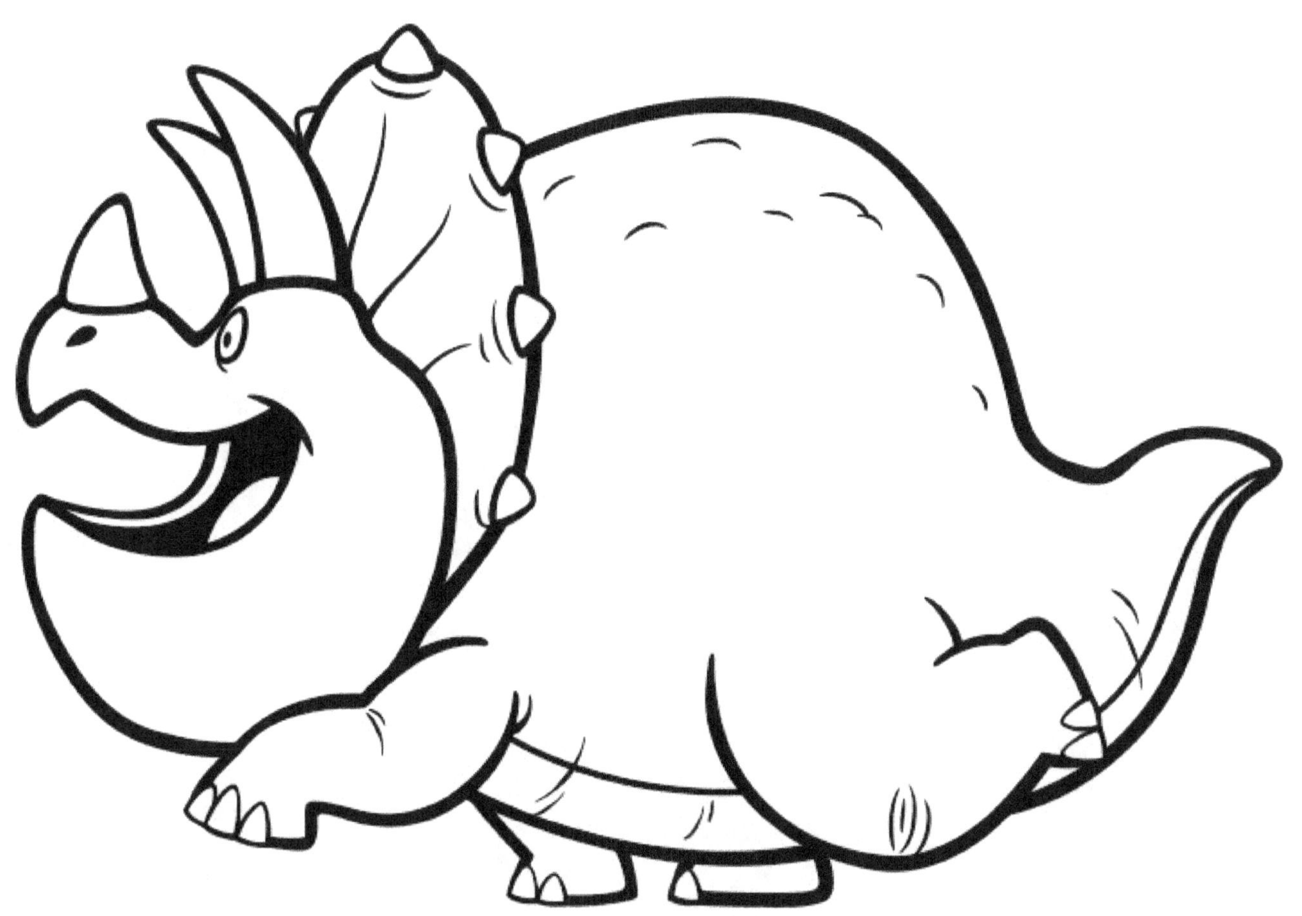

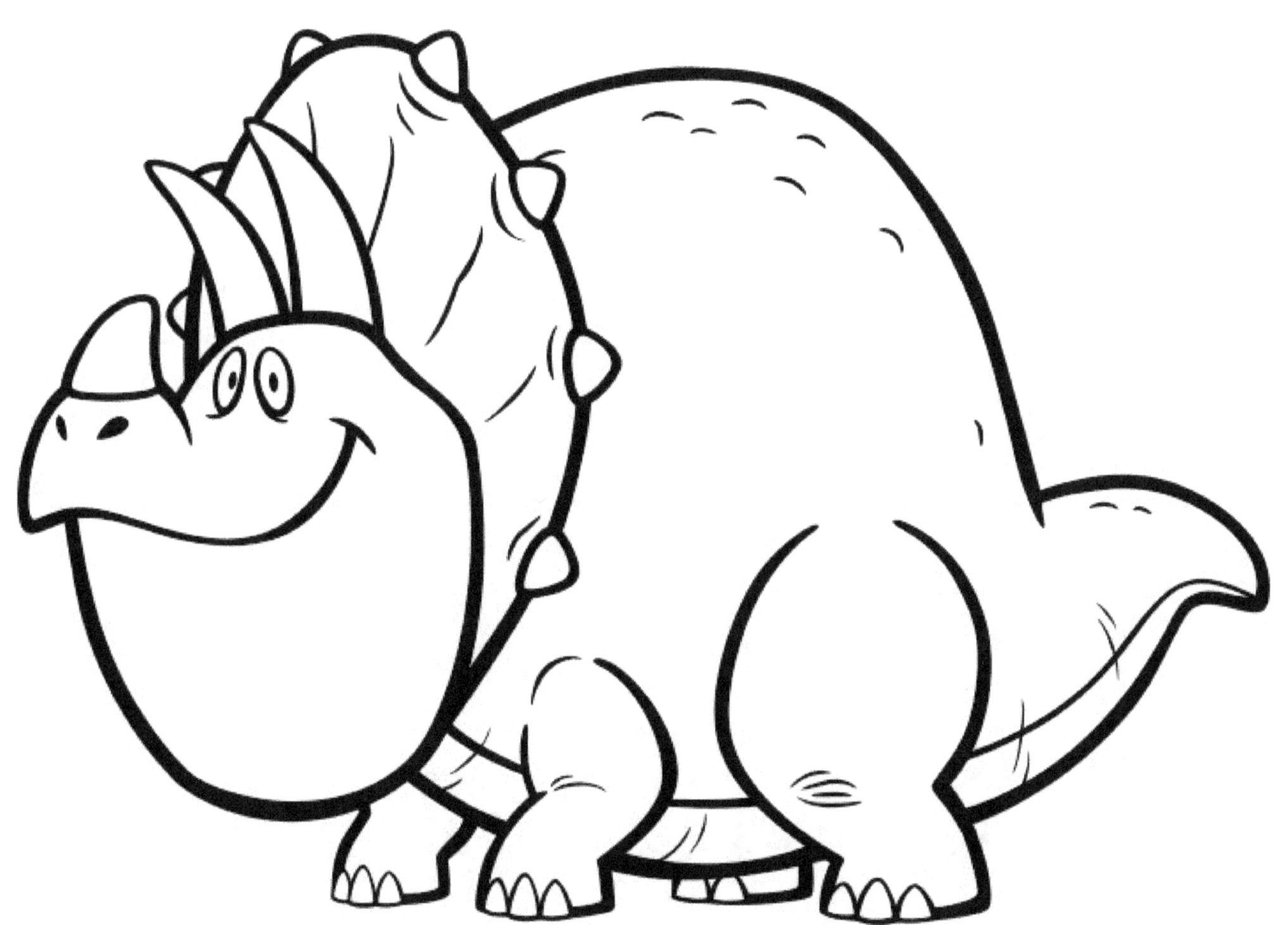

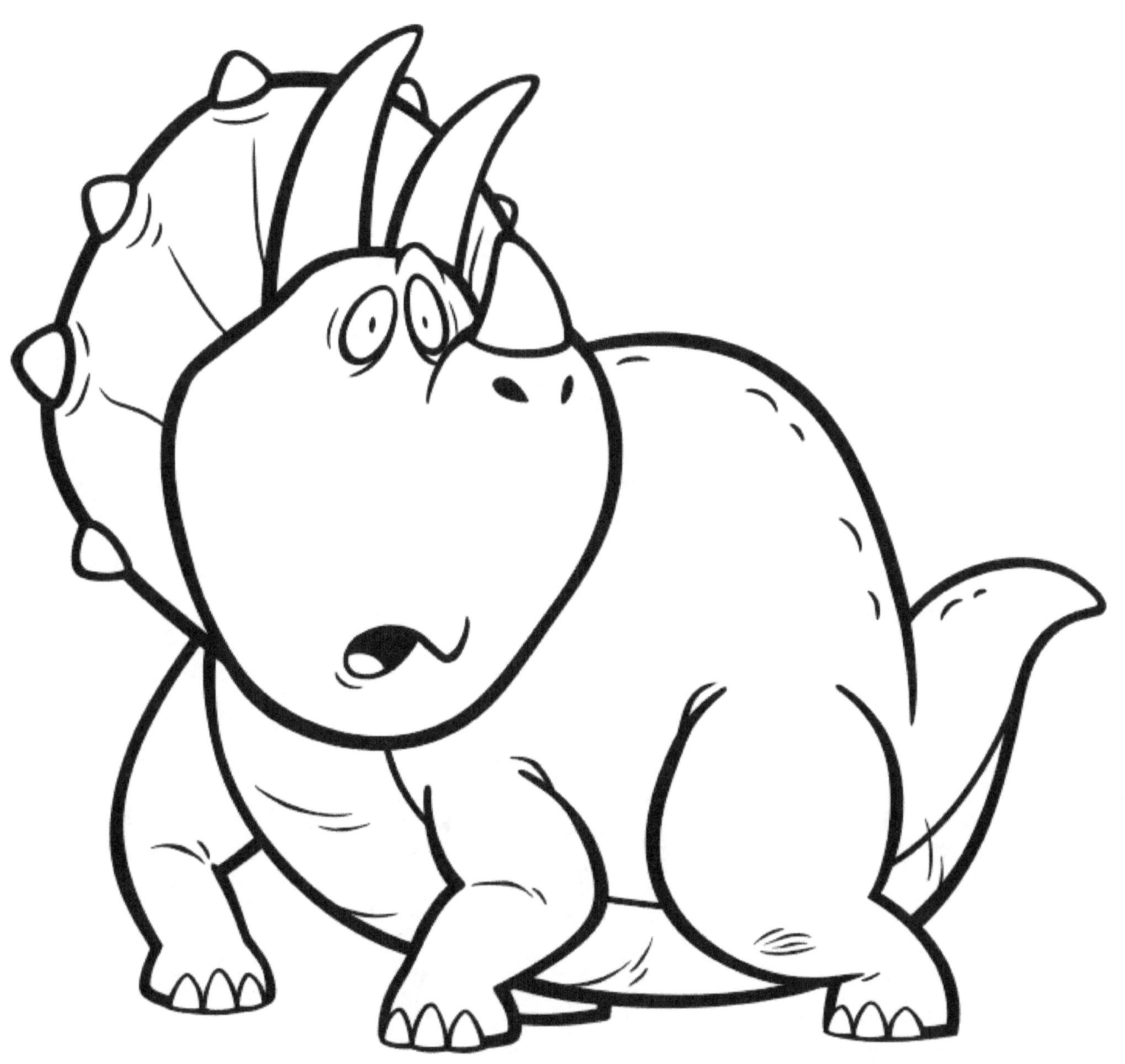

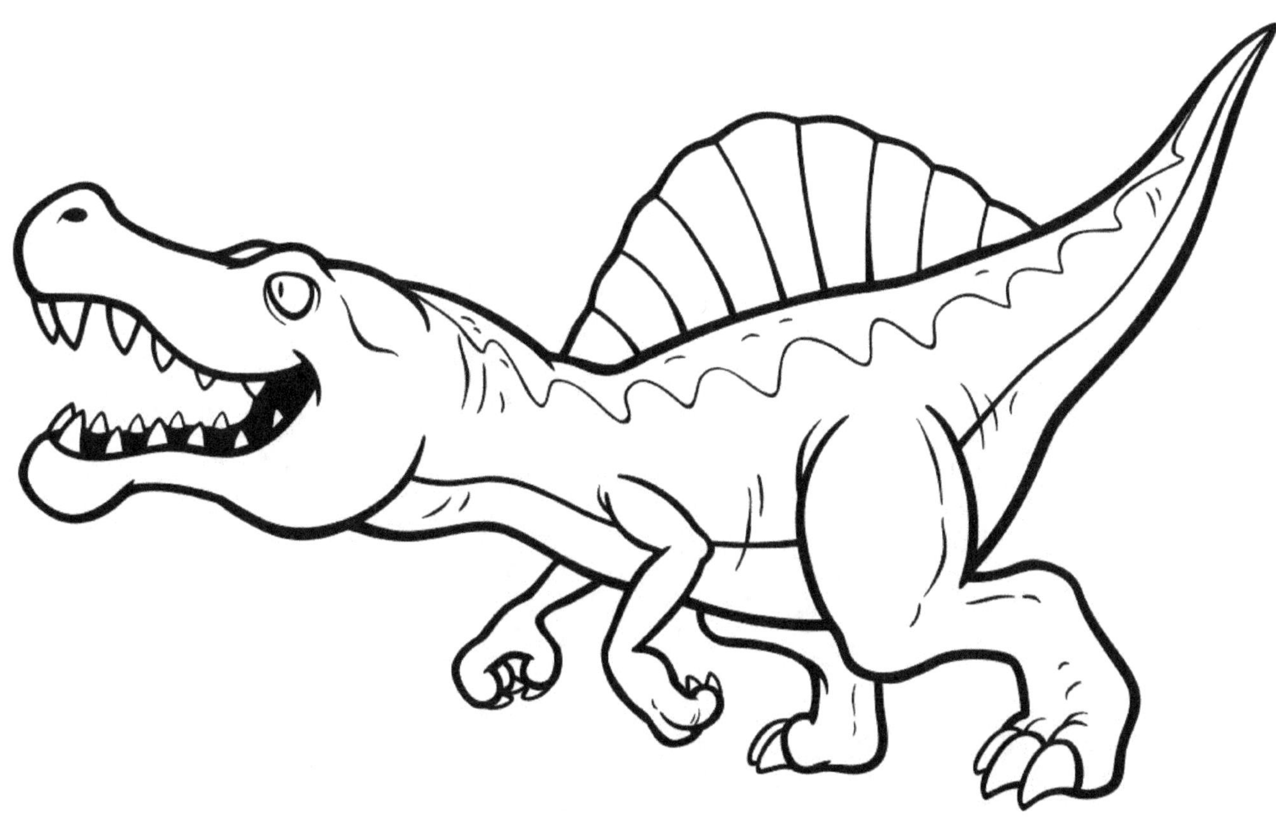

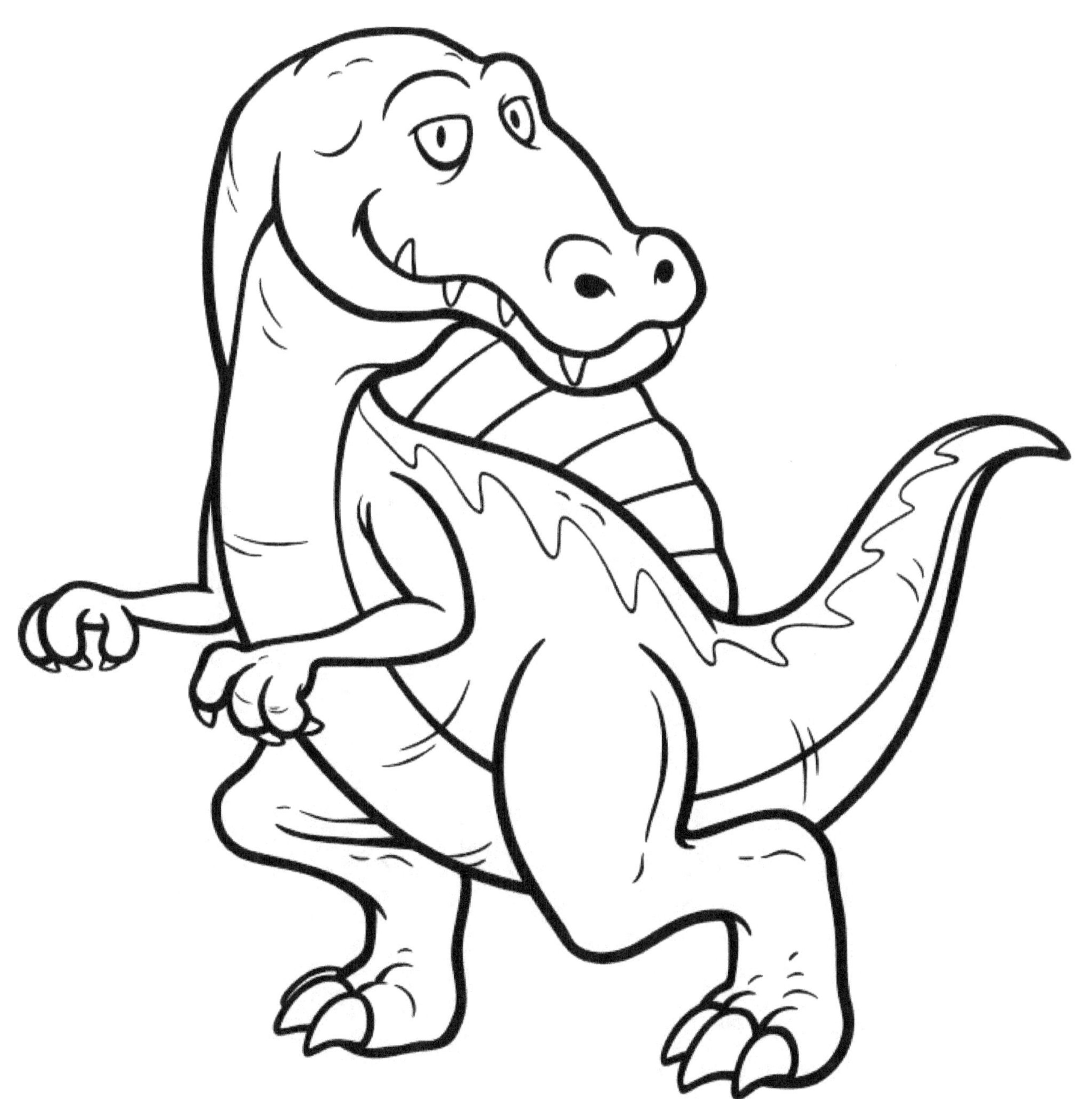

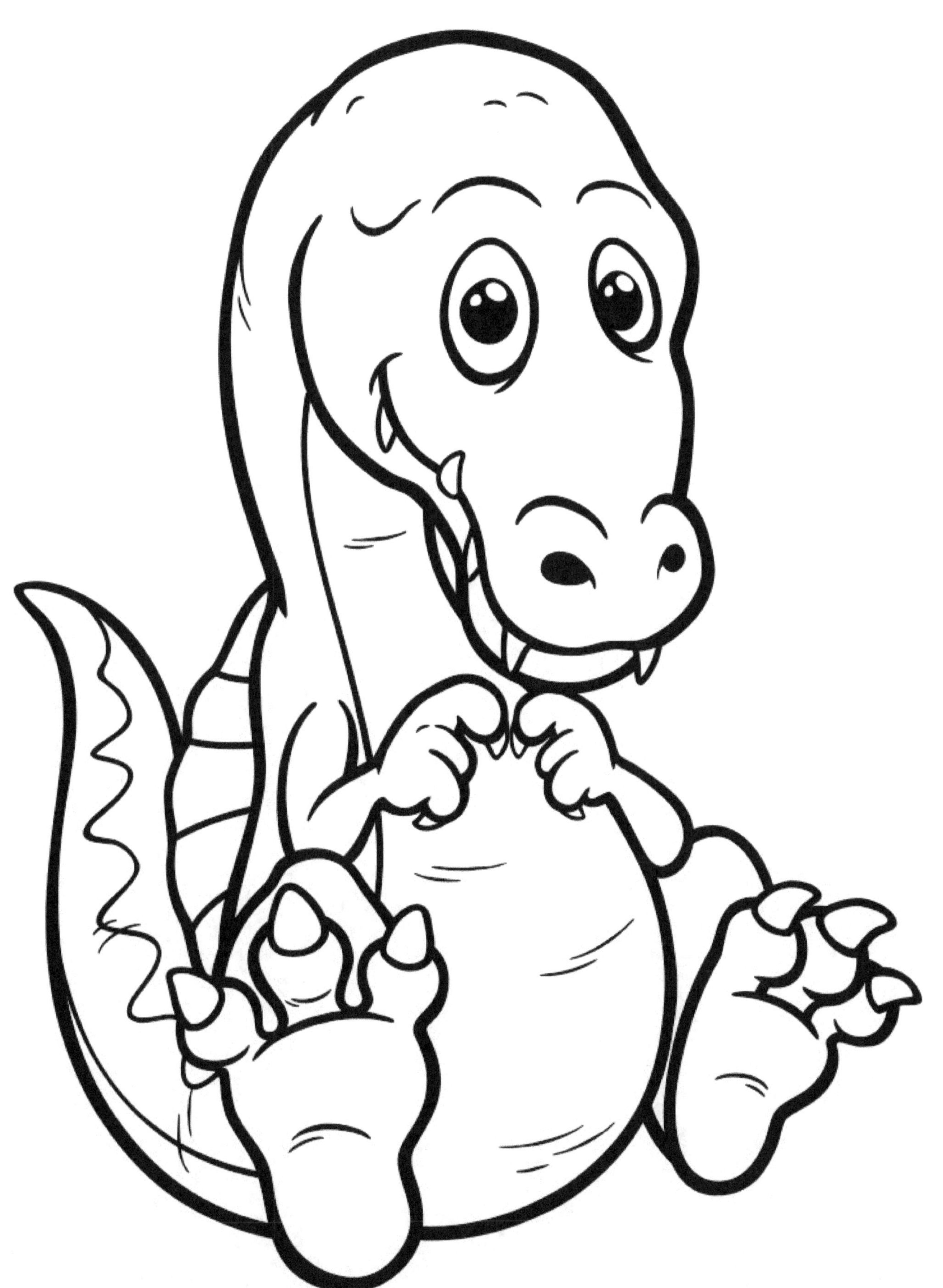

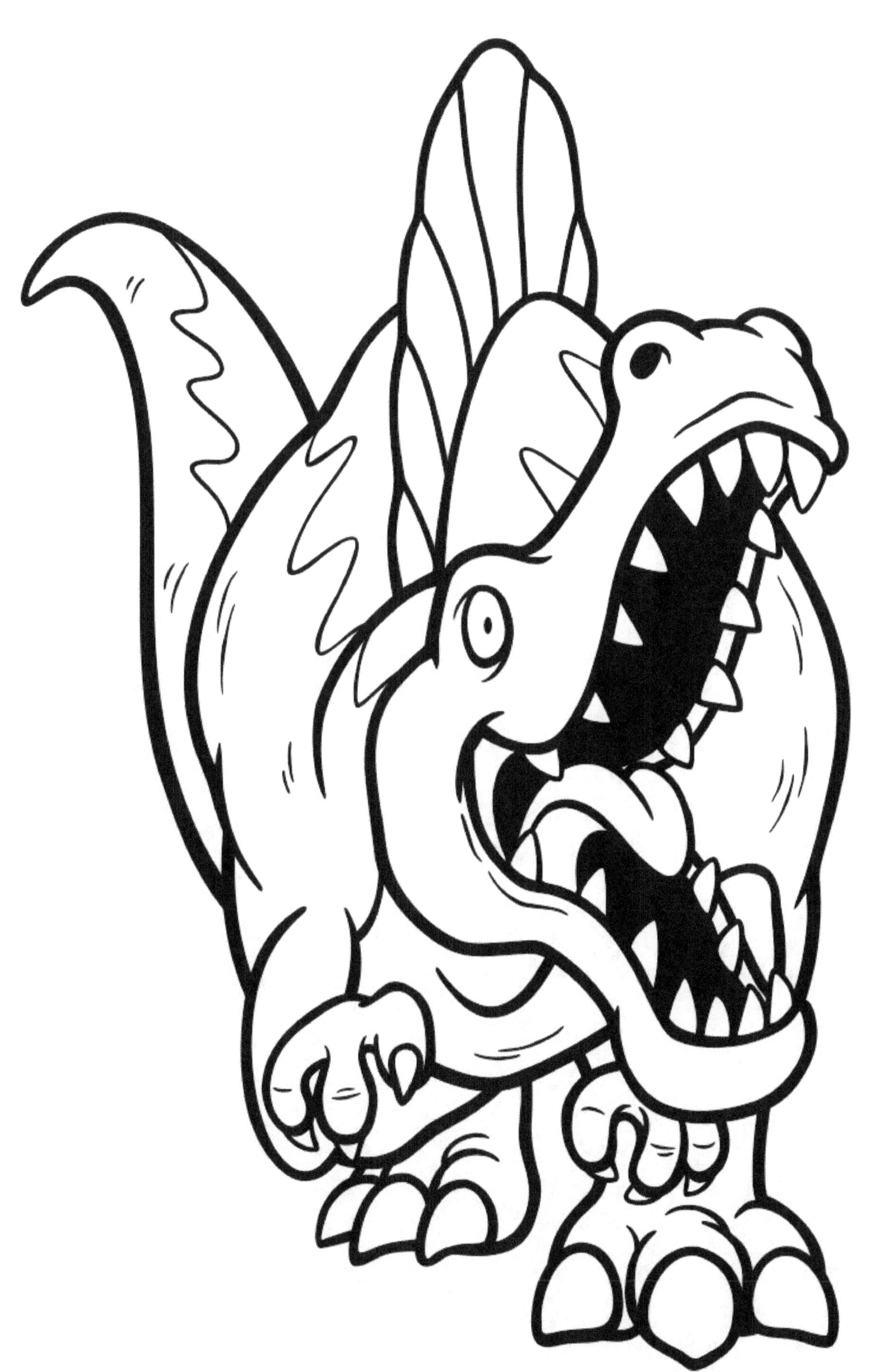

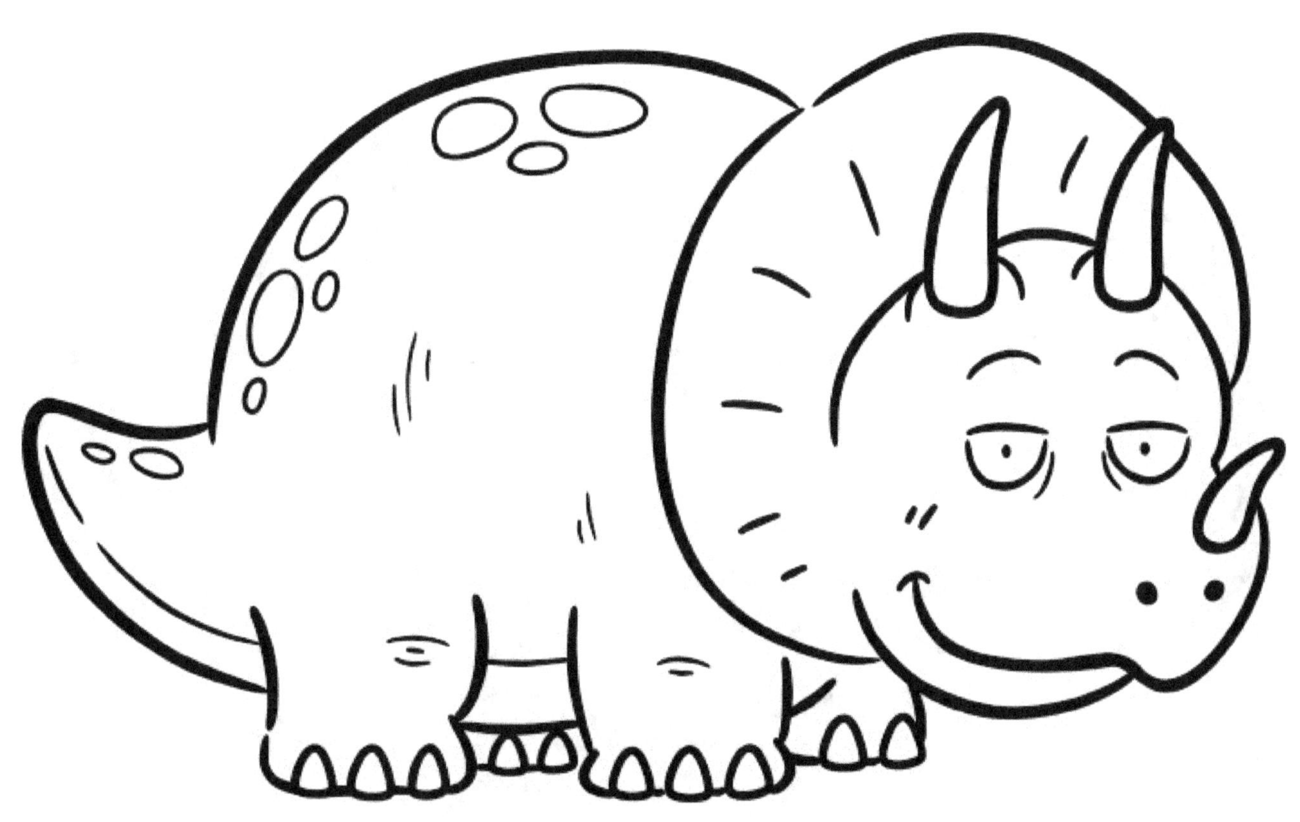

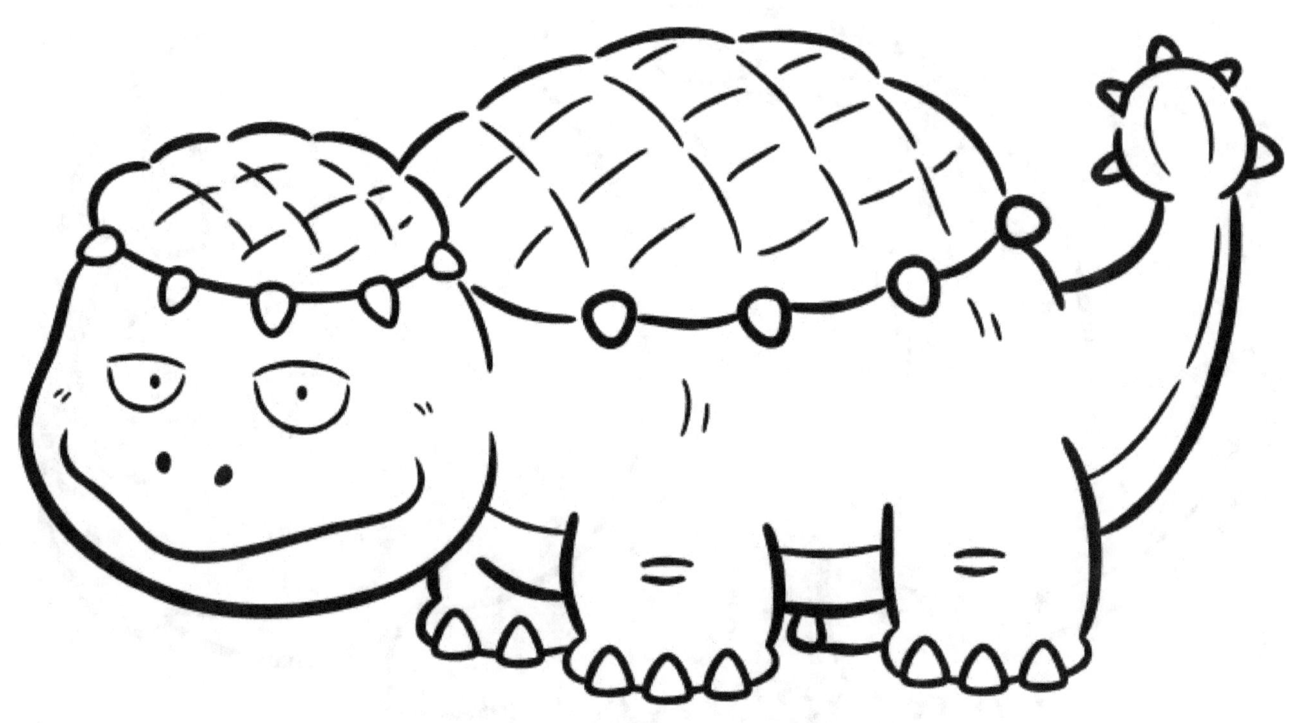

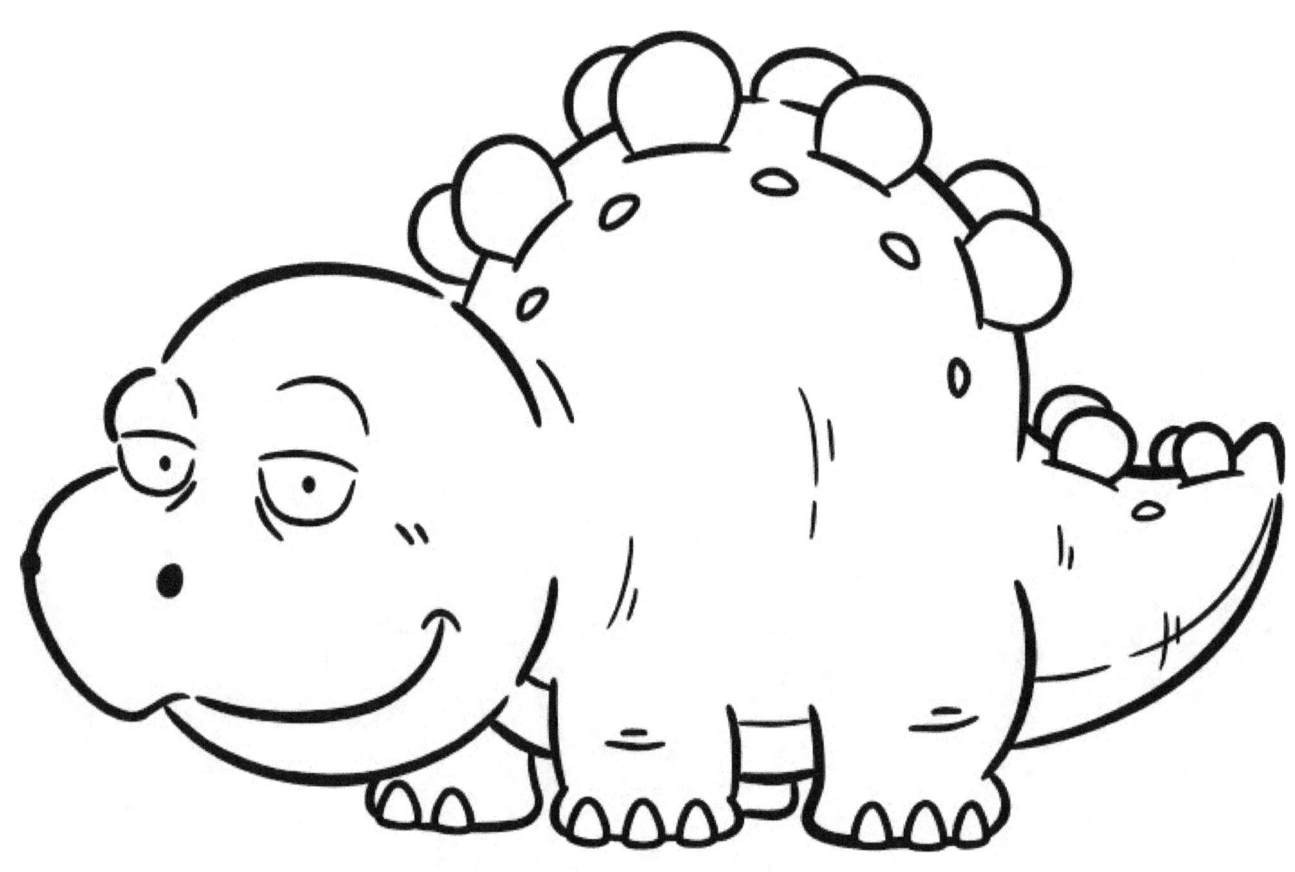

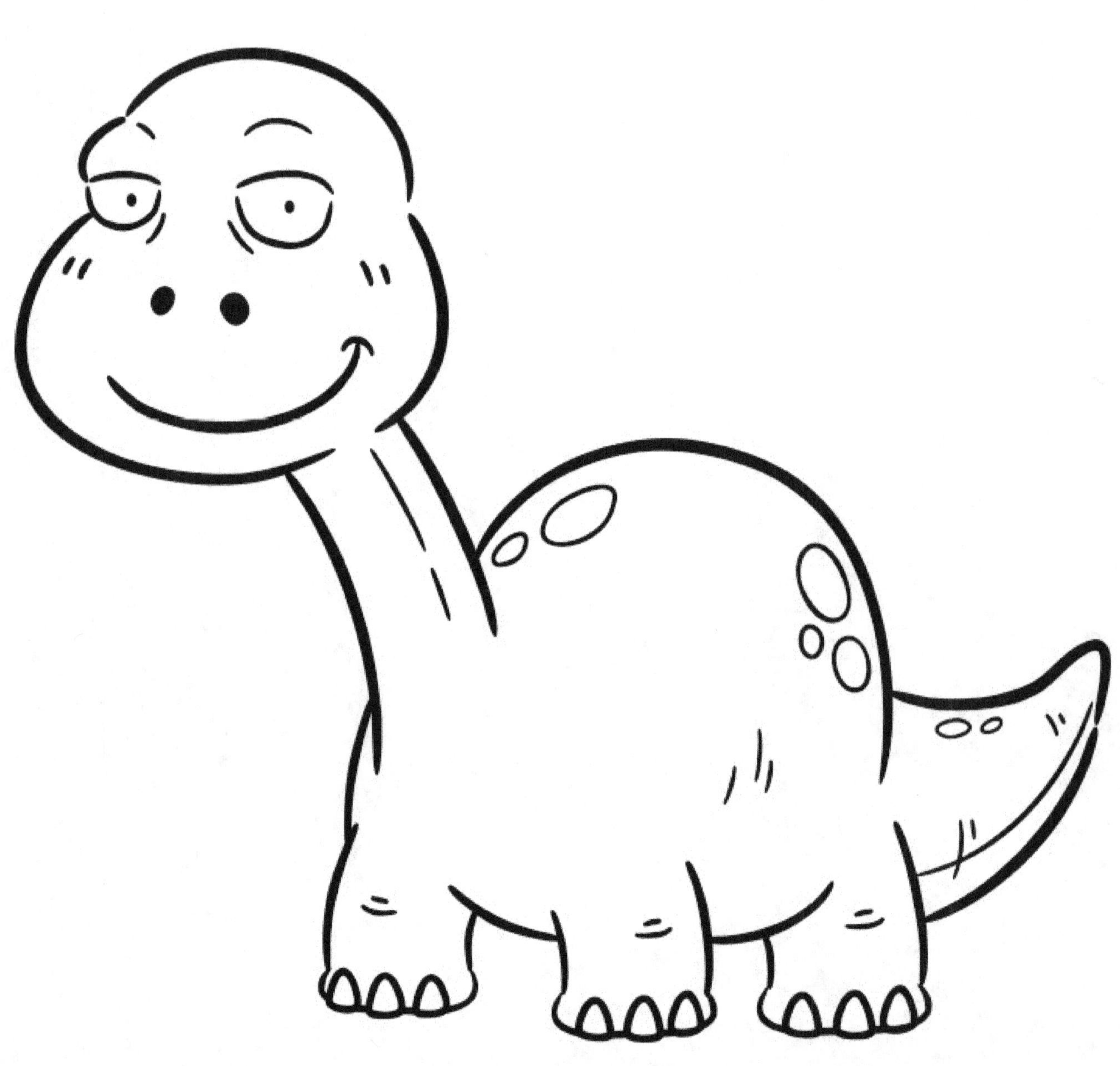

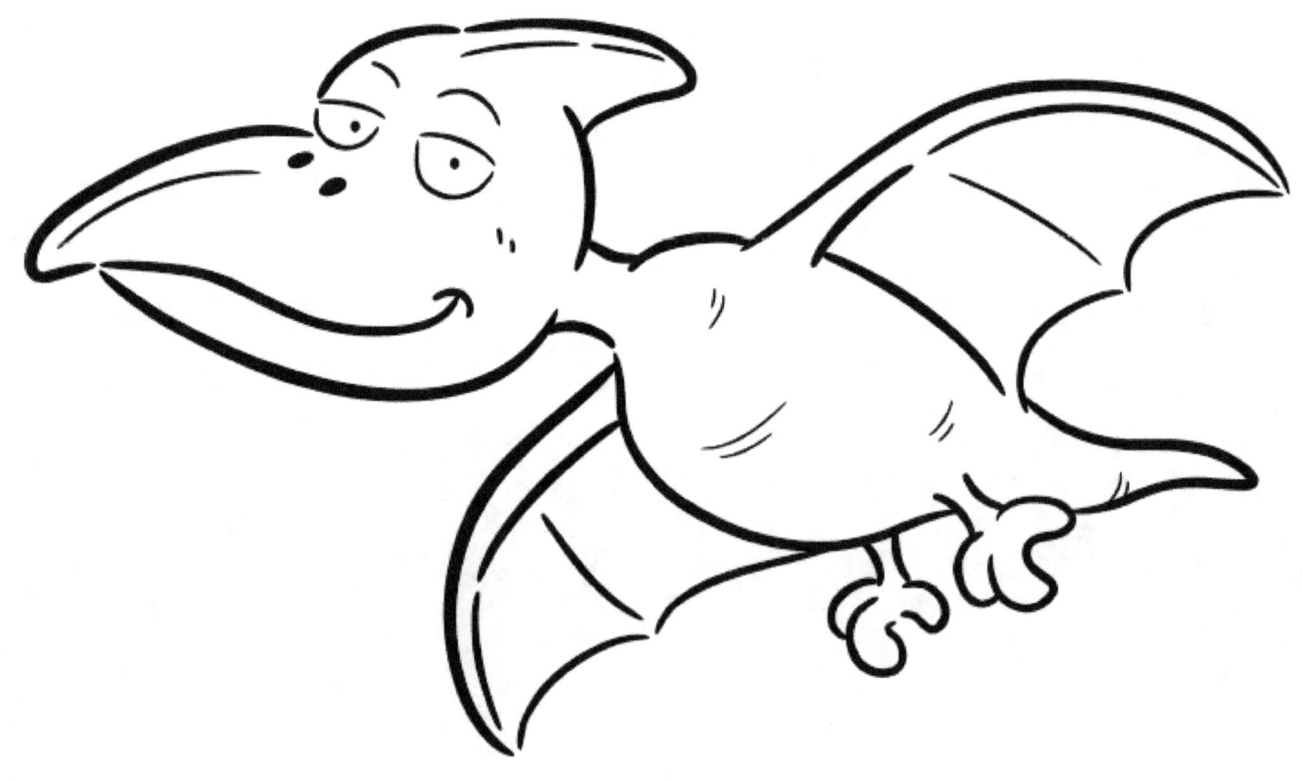

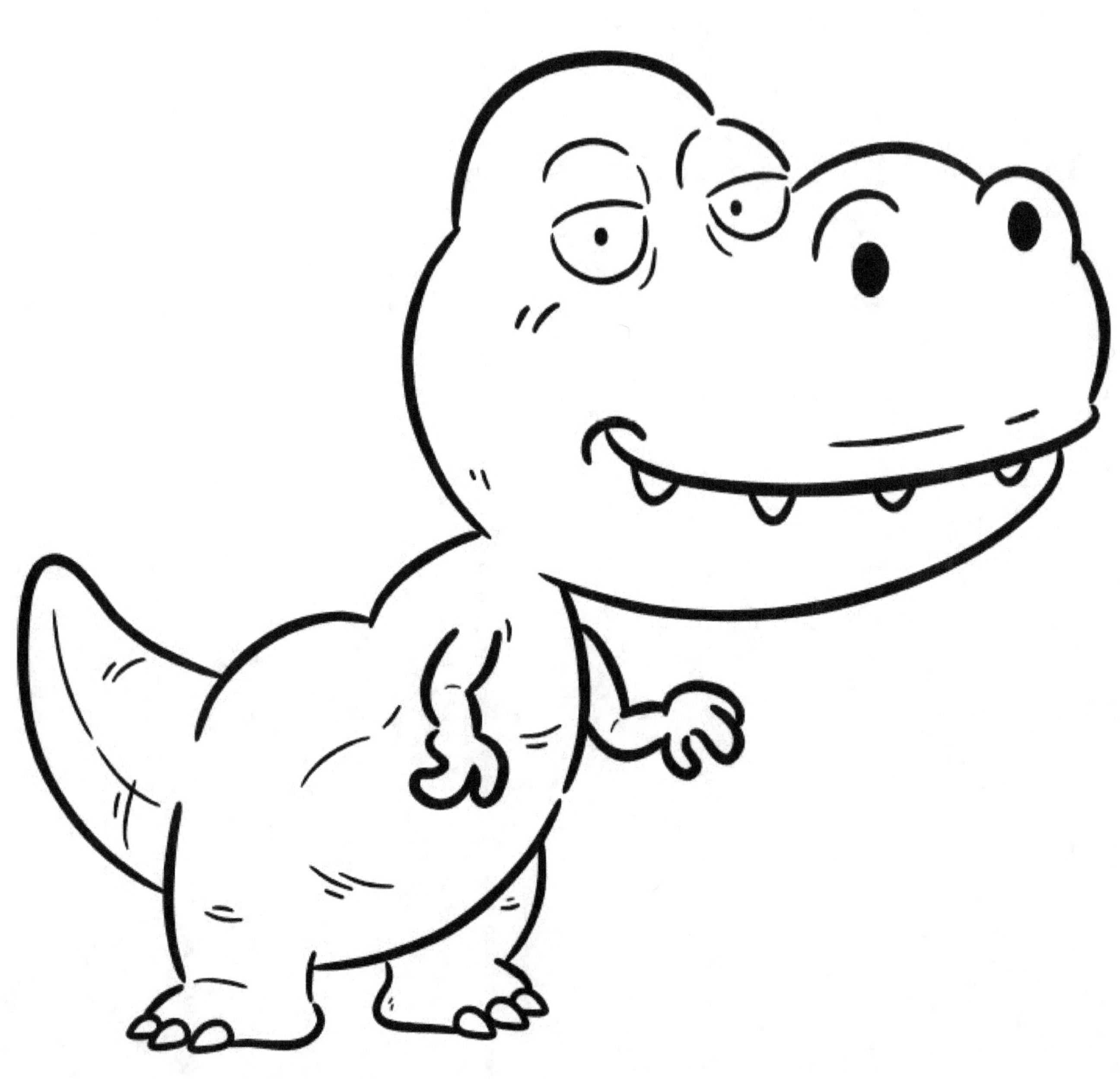